Pour parler **affaires**

Méthode de français professionnel

Margaret Mitchell
Ariane Fleuranceau

Editions Maison des Langues, Paris

Pour parler **affaires**

Méthode de français professionnel

Auteurs
Margaret Mitchell et Ariane Fleuranceau

Coordination éditoriale et rédaction
Magali Armengaud
Adaptation : Lucile Lacan

Mise en page
Wiebke Hengst
Adaptation : Veronika Plainer
et Oscar García Ortega

Crédits couverture
AnnaC (Fotolia)

www.emdl.fr

SOMMAIRE

Pour parler affaires – Nouvelle édition est une méthode de français commercial destinée aux adultes impliqués dans le monde du travail et aux étudiants se préparant à y entrer. Correspondant aux niveaux A2 et B1 du Cadre Européen Commun de Référence pour les Langues, *Pour parler affaires* propose de s'immerger dans l'univers professionnel afin d'apprendre à traiter les affaires courantes d'une entreprise en français. *Pour parler affaires* est particulièrement recommandé à tous ceux qui désirent obtenir le *Diplôme de français professionnel* de la *Chambre de Commerce et d'Industrie de Paris (CCIP)*.

Pour parler affaires peut servir d'outil non seulement aux enseignants de français n'ayant que peu d'expérience du monde de l'entreprise, mais aussi aux professionnels de l'entreprise novices dans l'enseignement du français langue étrangère. Les premiers trouveront dans la méthode à la fois les connaissances commerciales et la langue de spécialité, les seconds un support permettant l'exploitation didactique de leurs connaissances en éco-gestion.

Méthodologie

L'approche de la méthode est avant tout communicative, approche à laquelle la nouvelle édition apporte une dimension actionnelle. *Pour parler affaires* permet de découvrir la langue commerciale, notamment au travers de documents oraux, directement tirés de l'activité professionnelle en entreprise, et de documents écrits actuels et authentiques.

Organisation

L'ouvrage comprend 10 *Modules* thématiques composés chacun de 4 *Étapes*, conduisant progressivement l'apprenant à mener à bien une activité professionnelle ciblée. Les objectifs fonctionnels de chaque *Étape* sont présentés sur la page d'entrée du *Module*.

Dans chaque *Étape*, l'apprenant commence par mobiliser ses connaissances dans un contexte familier. Il découvre ensuite la langue dans un contexte de communication particulier, le plus souvent sur la base d'un document oral. Les documents audio sont inclus dans les deux CD du livre de l'élève et les transcriptions des enregistrements figurent en annexe. Lors de ces activités de découverte, l'apprenant est appelé à isoler les éléments linguistiques nécessaires à la communication en contexte. Il dispose d'un aperçu du vocabulaire et des tournures usitées, souvent sous forme de dialogue, dans l'encadré *Mots-clés*. La grammaire, introduite de façon inductive, a un objectif fonctionnel : elle doit pouvoir servir d'*Outil* dans une situation de communication donnée. Un dossier regroupant les *Outils grammaticaux* et les tableaux de conjugaison est situé p. 142 à 160.

Des activités guidées permettent dans un deuxième temps de réutiliser les éléments nouveaux et d'exercer les différentes compétences de compréhension et d'expression écrite et orale. L'accent est mis sur des situations de communication fidèles à la réalité, à travers de nombreux jeux de rôles, les *Simulations*, qui se placent directement et systématiquement dans le contexte professionnel : l'apprenant prend ainsi conscience de l'utilité de son apprentissage pour son projet professionnel.

Pour exploiter les *Simulations*, il sera nécessaire de former des petits groupes, dont il est conseillé de varier la composition. Certaines *Simulations* renvoient aux *Dossiers Simulation* situés p. 130 à 141 du manuel, permettant de fournir des informations et des rôles différents à chaque participant. Il peut être bénéfique d'attribuer les rôles en fonction des aptitudes de chacun. Pour se préparer, les apprenants peuvent prendre des notes comme s'ils étaient confrontés à une situation réelle. Ils doivent notamment se mettre d'accord au préalable, noter les renseignements que leur partenaire leur fournit, enfin vérifier mutuellement qu'ils n'ont pas déformé les propos de leur interlocuteur à la fin de l'exercice.

Vient ensuite la phase d'autonomisation dans la *Tâche Finale*, qui traite un sujet en rapport avec le thème du *Module*. L'apprenant est appelé, dans le contexte social du groupe-classe, à utiliser ses compétences langagières et ses savoir-faire. Chaque tâche se base sur une situation de départ, le contexte, et propose un problème à résoudre ou un objectif à atteindre. On ne demande pas l'utilisation spécifique d'un certain lexique ou d'un certain point de grammaire, mais leur emploi s'impose par la nécessité, inhérente à l'activité, de communiquer. À la fin de la tâche, on doit pouvoir présenter un résultat. Il n'y a pas de solution fermée et chaque groupe d'apprenants trouvera sa propre solution.
Le rôle de l'enseignant/e est alors de guider et d'encourager les apprenants. Selon les moyens techniques à disposition, il est possible de demander aux apprenants d'utiliser Internet pour faire leurs propres recherches documentaires. Attention : dans le cadre d'un cours particulier, l'enseignant/e sera appelé à une participation active.

Pour clore le *Module* thématique, une *Évaluation* sous forme de questionnaire à choix multiple est proposée, ainsi qu'une séquence d'activités de *Prononciation*, allant des sons et transcriptions particulières aux questions de liaison, de rythme et d'intonation.

Le *Cahier d'activités* propose, pour chaque *Étape* des *Modules*, une page d'activités supplémentaires. Il permet, selon les besoins des apprenants et le temps disponible, soit un entraînement individuel, soit un apprentissage extensif en cours de langue.

Les *Annexes* constituent une source d'information à consulter à tout moment. On y trouvera notamment des cartes des pays francophones européens, une carte de la Francophonie (p. 127 à 129), les abréviations courantes dans le commerce (p. 179), des informations supplémentaires sur le monde de l'économie (p. 180 à 186), enfin des écrits-types pour la correspondance commerciale (p. 187 à 190). En dernière page sont listées les pistes des deux CD audio.

Outre le *Livre de l'élève + cahier d'activités* et le présent *Guide pédagogique*, la méthode comprend :
– un cahier de solutions,
– un glossaire présentant le vocabulaire par étapes puis par ordre alphabétique.

Le guide pédagogique

Le présent *Guide pédagogique* a pour vocation de guider l'enseignant/e dans l'utilisation de *Pour parler affaires*.

Les *Conseils d'utilisation* (p. 6 à 30) proposent une marche à suivre pour mener à bien chaque activité, ainsi que des conseils et des informations supplémentaires.

Ce guide met par ailleurs à disposition, sous forme de fiches photocopiables, des supports d'auto-évaluation de type *Portfolio* (p. 31 à 35). Pour chaque module, les fiches listent les savoir-faire à maîtriser, répartis selon les quatre compétences : compréhension orale, compréhension écrite, expression orale, expression écrite. L'apprenant est ainsi amené à prendre conscience et suivre lui-même sa progression, en cochant ce qui est acquis et ce qui est en cours d'acquisition.

De plus, le *Guide pédagogique* comporte trois jeux d'*Évaluation* (p. 36 à 45) sous forme photocopiable, accompagnés de leurs solutions (p. 46) et conçus pour permettre une évaluation corrigée voire notée par l'enseignant/e.

Les choix concernant l'évaluation sont à prendre par l'enseignant/e, tant en fonction des objectifs des apprenants que de la nature et des attentes de l'institution dans laquelle il exerce.

À la fin du *Guide pédagogique* (p. 48), l'*Index* permet de sélectionner par mots-clés les activités de *Pour parler affaires*, indépendamment de la progression des *Modules*, afin de faciliter un enseignement sur mesure selon les thèmes que l'enseignant/e veut ou doit aborder ou approfondir.

MODULE 1

Étape 1 Entrer en contact

→ Saluer quelqu'un
→ Dire pour quelle entreprise on travaille
→ Situer géographiquement

1 Parlez !

À deux, les apprenants associent différentes manières de saluer aux situations correspondantes.

2 Écoutez !

Les apprenants distinguent les manières de saluer en fonction des relations entre les interlocuteurs. Faites écouter les trois dialogues sans interruption et autant de fois que nécessaire. Chaque apprenant note sa réponse.

Mots-clés

Cette rubrique contient le vocabulaire et les tournures importantes des premiers échanges lors d'une rencontre. Demandez aux apprenants de lire les *Mots-clés* à deux, puis de relire en modifiant les noms des exemples (par ex. *Aurélien Bauchon → Matthias Werner* etc.)

3 Écrivez !

Il est possible de laisser les apprenants compléter le dialogue de présentation à l'oral.

4 Écoutez !

Il s'agit de reconnaître le niveau de formalité d'une conversation et de le faire correspondre au même niveau à l'écrit (courriels). Faites écouter les trois dialogues sans interruption et autant de fois que nécessaire. Chaque apprenant note sa réponse.

5 Écoutez ! + Outils

Faites écouter la conversation et cocher les pays en même temps. Faites lire ensuite les Outils en demandant aux apprenants d'expliquer l'emploi des prépositions de pays.

6 Parlez ! + Texte *Être poli*

Après avoir lu le texte, les apprenants se déplacent dans la classe et se présentent les uns aux autres. Ceux qui ont une activité professionnelle peuvent donner le nom de leur entreprise.

Cahier d'activités (page 193)

1 Saluer selon le niveau de formalité.
2 Reconnaître les noms de pays. ◀)))
3 Utiliser les prépositions de pays.

Étape 2 Se présenter

→ Présenter sa profession et sa fonction
→ Lire une carte de visite
→ Se présenter et présenter quelqu'un

1 Parlez !

a Cette activité introduit des noms de profession. Aidez les apprenants, si besoin, à nommer leur profession, celle qu'ils aimeraient exercer ou celle qu'ils détestent.
b Les apprenants s'initient à la description d'une profession.
c Le jeu fait décrire les tâches d'autres professions.

2 Écoutez ! + *Organigramme*

Pour chacune des parties **a**, **b** et **c**, faites (ré)écouter l'enregistrement dans son intégralité. Chaque apprenant note ses réponses. Donnez ensuite le temps aux apprenants de rédiger les réponses **c**.
À la fin, les apprenants lisent l'organigramme en bas de page. Demandez à ceux qui travaillent de présenter l'organigramme de leur société, aux autres de rechercher celui de l'entreprise de leur choix sur Internet.

3 Écoutez !

Faites écouter les deux monologues séparément. Chaque apprenant note sa réponse.

Mots-clés + Outils

La façon de nommer sa profession, sans article, apparaît dans l'ensemble des activités. Vérifiez que les élèves la maîtrisent avant les *Simulations*.

4 Simulation + Texte *Se présenter*

Après avoir lu le texte, les apprenants simulent, à trois, une situation où il faut se présenter et présenter des collaborateurs.

5 Simulation

À trois, les apprenants s'attribuent les rôles A, B et C. Chacun consulte son dossier à la page indiquée, sans le montrer aux autres. A commence, puis B et enfin C interviennent. Notez que C présente B à A.

Cahier d'activités (page 194)

1 Reconnaître les fonctions des personnes et les services des entreprises. ◀)))
2 Présenter un collègue.

Étape 3 Décrire un produit

> → Caractériser et présenter son produit
> → Choisir un produit

1 Écrivez et Parlez !

a L'activité introduit notamment des adjectifs pour caractériser un produit.
b À deux, les apprenants décrivent un appareil de la liste, ou, s'ils n'en possèdent aucun, un autre objet comme un ordinateur ou un appareil photo.

2 Parlez !

Il s'agit de se familiariser avec une page de catalogue pour choisir un modèle adéquat et justifier son choix. L'activité peut aussi se faire à l'écrit.

Outils

Demandez aux apprenants d'expliquer les formes des adjectifs. Faites appliquer la règle aux adjectifs de l'activité 1, à l'écrit.

3 Écoutez !

Faites écouter les trois enregistrements séparément ou en une fois selon le niveau des apprenants. Chaque apprenant note ses réponses.

4 Écoutez !

a Chaque apprenant note ses réponses pendant l'écoute. Faites écouter autant de fois que nécessaire.
b Ensuite, les apprenants donnent leur avis en petit groupe, ou dans le cadre d'une discussion en classe.

Mots-clés

Les apprenants lisent les tournures pour caractériser un produit. Ils peuvent ajouter les adjectifs à la liste de l'activité 1 et les accorder.

5 Simulation

À trois, les apprenants s'attribuent les rôles A, B et C. Chacun consulte son dossier à la page indiquée, sans le montrer aux autres. A prend des notes sur le mobilier de bureau qu'il faut acheter, B et C donnent des renseignements sur le mobilier qu'ils peuvent proposer. Après avoir écouté B et C, A choisit un fournisseur.

Cahier d'activités (page 195)

1 Reconnaître les caractéristiques d'un produit. ◀)))
2 Accorder les adjectifs.

Étape 4 Comprendre les circuits de distribution

> → Différencier les acteurs de la distribution
> → Choisir ses partenaires commerciaux

1 Parlez !

Faites parler chaque apprenant sur le lieu où il préfère acheter, selon le type de produit. En groupe, les apprenants préparent une liste de raisons qu'ils donneront aux autres pour justifier leurs choix.

Texte *La grande distribution*

Après la lecture, les apprenants citent les enseignes françaises qu'ils connaissent puis celles de leur pays.

2 Écoutez !

Demandez d'abord si les apprenants ont déjà une idée du sens de *fabricant, grossiste* et *détaillant*, puis indiquez-leur de se concentrer sur ces mots en écoutant le dialogue. Chaque apprenant note ses réponses.

Mots-clés + *Schéma de distribution*

Lisez les *Mots-clés* et le *Schéma de distribution*. Les apprenants relisent ce dernier en utilisant la forme *nous* : par ex. *Le fabricant fabrique un produit* → *Nous fabriquons un produit*.

3 Écrivez !

Il s'agit d'un exercice de compréhension du schéma de distribution p. 14. Plusieurs réponses sont parfois possibles.

4 Écoutez !

a Il s'agit de reconnaître des noms de société pour entraîner les apprenants à se concentrer.
b Plusieurs écoutes peuvent être nécessaires.

5 Simulation

À deux, les apprenants s'attribuent les rôles A et B. Chacun consulte son dossier à la page indiquée, sans le montrer aux autres. A veut acheter des produits alimentaires. Il demande à B, qui travaille chez un grossiste, s'ils sont disponibles et à quel prix. Si le produit n'est pas disponible, A peut en choisir un autre ou B peut en suggérer un.

6 Écrivez !

L'apprenant présente l'entreprise donnée en exemple et réinvestit ainsi toutes les connaissances de *l'Étape*.

Cahier d'activités (page 196)

1 + 2 Utiliser le vocabulaire du circuit de distribution.

Tâche finale

La tâche consiste à décider quels produits une entreprise va exporter dans quels pays, selon les spécificités culturelles.

1 + 2 Chaque groupe d'apprenants étudie le marché d'un des pays proposés. (Si un groupe choisit de parler de son propre pays, il doit fournir ses propres informations.)

3 + 4 Le groupe analyse les chances de succès de chacun des six tissus dans le pays choisi puis prépare une présentation pour la classe, en justifiant ses choix au regard des spécificités culturelles.

5 La classe entière, en tenant compte des présentations des groupes et du graphique p. 17, choisit les deux pays où l'entreprise devrait exporter ainsi que les tissus appropriés. Il n'y a pas de réponse correcte : le but est de bien comprendre les documents proposés, de discuter et de travailler ensemble.

Prononciation

Pour chacun des trois exercices, faites écouter les enregistrements autant de fois que nécessaire. N'hésitez pas à faire relire et répéter les phrases plusieurs fois, en groupe ou individuellement.

MODULE 2

Étape 1 Appeler et laisser un message

→ Comprendre une annonce et laisser un message sur un répondeur
→ Se servir d'un serveur vocal

1 Parlez !

Les apprenants s'expriment sur l'usage du répondeur. Comptez le nombre de réponses positives à chaque question. Faites faire une liste d'adjectifs pour ou contre le répondeur. Demandez de déterminer dans quelles situations le répondeur est utile (ou pas).

2 Écoutez !

Il s'agit de comprendre les informations importantes d'une annonce de répondeur (nom de la société,

heures d'ouverture, etc.). Faites écouter autant de fois que nécessaire.

Mots-clés

Faites remarquer aux apprenants qu'ils peuvent utiliser ces *Mots-clés* lorsqu'ils laissent un message en français sur un répondeur. Faites relire en introduisant d'autres coordonnées.

3 Écoutez !

Il s'agit de comprendre des messages laissés sur un répondeur (nom, entreprise, motif de l'appel). Faites écouter les dialogues séparément, autant de fois que nécessaire.

Outils

Faites réécouter les messages de l'activité 3 en demandant de se concentrer sur la forme des verbes exprimant une action dans le futur. Les apprenants lisent les *Outils* et expliquent la formation du futur. Complétez avec les formes irrégulières.

4 Lisez et écrivez !

Les apprenants préparent à l'écrit des messages à laisser sur un répondeur. Si nécessaire, les apprenants peuvent travailler à deux ou bien ne traiter qu'un ou deux des trois messages.

5 Parlez !

a Chaque apprenant enregistre un des trois messages préparés à l'exercice 4 ou le lit devant témoins. Conseillez de respirer profondément puis de sourire et d'articuler pendant l'appel.

b Chacun réécrit le même message, mais en utilisant cette fois-ci ses propres coordonnées.

6 Écoutez !

Il s'agit de comprendre les instructions d'un serveur vocal. L'activité peut donner lieu à une discussion sur les aspects positifs et négatifs de ce service automatique.

7 Simulation

À deux, les apprenants s'attribuent les rôles A et B. A laisse un message à B, qui lui répond par répondeur interposé. A confirme à B si son message donne bien les renseignements demandés. Si nécessaire, invitez les apprenants à préparer les messages au préalable.

Texte *Les numéros de téléphone en France*

Après la lecture, faites comparer le système de numéros avec celui des pays des apprenants. La classe établit ensuite une liste des indicatifs importants dans leur vie professionnelle.

Cahier d'activités (page 197)

1 Faire épeler puis noter des noms propres. ◀)))
2 Comprendre un message puis écrire un compte-rendu d'appel. ◀)))
3 Utiliser le futur simple.

Étape 2 Confirmer par courriel

→ Écrire un courriel professionnel
→ Adapter le registre de langue au contexte
→ Dicter une adresse électronique

1 Parlez !

L'activité introduit le vocabulaire des e-mails (*boîte aux lettres, recevoir, classer, supprimer*). Faites discuter les apprenants à deux ou en petit groupe, puis dans le groupe-classe.

2 Lisez !

Les apprenants lisent les courriels puis leur associent l'objet correspondant. Les courriels servent de modèles de messages simples : envoyer un document, inviter à déjeuner, confirmer un rendez-vous.

Mots-clés

Invitez les apprenants à déterminer le niveau de formalité des formules de politesse.

3 Lisez !

Les apprenants doivent définir le niveau de formalité des courriels de l'activité 2 en citant des passages. Notez que plusieurs passages peuvent servir de justification.

4 Écoutez !

a Il s'agit de découvrir les termes utilisés dans les adresses électroniques.
b Faites écouter les dialogues séparément, pour laisser le temps de corriger les adresses e-mails erronées.

5 Écoutez !

Faites écouter les deux dialogues séparément. Après chaque dialogue, laissez les apprenants noter les informations (nom de l'interlocuteur, motif de l'appel, adresse e-mail) ou faites réécouter si besoin. Ensuite, demandez aux apprenants, par deux, de se dicter leurs propres adresses e-mail.

6 Écrivez !

Les apprenants doivent utiliser les données de l'activité 5 pour rédiger les deux courriels (ou un seul). Faites consulter la transcription p. 202 si nécessaire.

Texte *Téléphone ou e-mail ?*

Faites lire en classe puis comparer avec les pays des apprenants.

Cahier d'activités (page 198)

1 Rédiger trois courriels de confirmation dont le niveau de formalité diffère, pour une seule et même réunion.

Étape 3 Prendre rendez-vous

→ Fixer la date et l'heure d'un rendez-vous
→ Confirmer, reporter et annuler un rendez-vous

1 Parlez !

Cette activité permet de connaître la liste des jours fériés en France, afin de savoir à quelles dates les entreprises françaises sont fermées.

2 Écoutez !

Il s'agit de comprendre des informations relevant de la prise de rendez-vous. Faites écouter la conversation une première fois pour repérer si les phrases sont vraies ou fausses, une seconde fois pour corriger les phrases fausses, une troisième fois pour vérifier les réponses.

Mots-clés

À deux, les apprenants lisent les formules de la prise de rendez-vous puis relisent en modifiant les dates et les heures données.

3 Simulation

Il s'agit d'apprendre à utiliser un agenda. À deux, les apprenants s'attribuent les rôles A et B. Demandez de réinvestir les formules des *Mots-clés* pour convenir d'une date et une heure de rendez-vous.

4 Écoutez !

Il s'agit de s'entraîner à la prise de notes téléphonique, sur la base d'un dialogue de prise de rendez-vous.

5 Lisez !

Les apprenants lisent les trois courriels puis observent les différences. Ils déterminent quel courriel convient à la situation de l'activité 4 et justifient leur choix.

6 Lisez et parlez !

À deux, les apprenants lisent le texte sur la visioconférence et s'expliquent mutuellement ce qu'ils ont compris (ou pas). Assurez-vous de la compréhension en posant des questions : *Quel est le sujet de la publicité ? À qui s'adresse-t-elle ? Quels sont les avantages vantés dans l'article ?*

a Expliquez que les phrases « économiser de la distance / des appels gratuits » ne seraient pas correctes.
b Il est possible de répondre en petits groupes ou de mener une discussion avec la classe. Demandez en tout cas aux apprenants de justifier leur choix.

Cahier d'activités (page 199)

1 Noter les données en vue d'un rendez-vous. ◀)))
2 Confirmer un rendez-vous par e-mail sur la base d'un calendrier.

Étape 4 Communiquer en déplacement

→ Vérifier des coordonnées
→ Comprendre et utiliser le langage SMS

1 Parlez et écrivez !

Les apprenants découvrent des abréviations du langage SMS qui seraient admissibles dans un texto entre collègues.

2 Lisez et écrivez ! + Outils (page 26)

a Les apprenants doivent transcrire des textos contenant des abréviations en français standard. Il s'agit de demandes de renseignements avec le pronom *quel*. Faites lire les *Outils* avant l'activité 2 ou après pour vérifier l'emploi de *quel*.
b Il est possible de faire rédiger les réponses aux textos de la partie **a** sous forme de SMS avec abréviations et / ou en français standard.

3 Écoutez ! + Mots-clés

Faites écouter le dialogue : il s'agit de comprendre les coordonnées d'un client. Faites ensuite lire les *Mots-clés* puis réécouter le dialogue, en demandant aux apprenants d'y reconnaître des formules des *Mots-clés*.

Outils (page 27)

Faites lire les *Outils* juste avant la partie **c** de l'activité 4 (voir plus bas). Les apprenants auront besoin de la structure *pour + inf.* pour parler de leur expérience.

4 Lisez et parlez !

Faites lire le texte sur les smartphones. Les apprenants essaient de comprendre sans vérifier le vocabulaire, grâce aux mots internationaux (GPS) ou transparents.
a À deux, les apprenants font une liste des fonctions utiles en voyage d'affaires.
b Invitez les apprenants à réutiliser le vocabulaire du texte.
c Pour parler de leur usage personnel, les apprenants peuvent utiliser les expressions *personnellement, pour ma part, quant à moi...*

Cahier d'activités (page 200)

1 Noter les coordonnées de clients. ◀)))
2 Poser des questions avec le pronom *quel*.

Tâche finale

Le but de cette activité est de créer des messages (annonce de répondeur, SMS, page de réseau social) dans un but de fidélisation de clientèle. Faites lire le *Contexte* et la publicité de l'entreprise *Massage Minute*. Assurez-vous de la compréhension en posant des questions. La classe se partage ensuite en petits groupes.
1 + 2 Les apprenants doivent rédiger en commun le texte d'une annonce de répondeur. Veillez à ce que les mentions importantes ne soient pas oubliées (heures d'ouverture etc.) Chaque groupe choisit la personne qui va enregistrer le message de répondeur. Si vous ne disposez pas du matériel nécessaire, faites tout de même lire à haute voix pour travailler la diction.
3 + 4 Chaque groupe établit en commun un programme de fidélisation par SMS (contenus, rythme d'envoi etc.). Le groupe rédige deux exemples de SMS. Invitez à réfléchir sur l'opportunité d'utiliser des abréviations, le cas échéant à ne pas en abuser.
5 + 6 En cas de manque de temps, cette partie peut être réalisée indépendamment du reste. Les groupes lisent la présentation des réseaux sociaux sur Internet et discutent de leur intérêt pour l'entreprise *Massage Minute*. Ils rédigent la page d'accueil qu'ils mettraient en ligne sur le réseau social de leur choix.

Prononciation

Pour chacun des deux exercices, faites écouter les enregistrements autant de fois que nécessaire. N'hésitez pas à faire relire et répéter les phrases plusieurs fois, en groupe ou individuellement.

MODULE 3

Étape 1 Souhaiter la bienvenue

→ Accueillir un client
→ Prévenir de son retard
→ Se repérer sur un titre de transport

1 Parlez !

Discutez avec les apprenants de l'attitude à adopter lors d'une rencontre professionnelle : *je pense qu'il est très / assez / peu important de* etc. Certaines propositions de l'activité visent à susciter des réactions, comme « être habillé en noir », qui permet de relancer la conversation sur le thème de la tenue de travail.

2 Écoutez !

a Faites observer le billet de train et les informations qu'il contient. Demandez aux apprenants s'ils connaissent la SNCF (Société Nationale des Chemins de Fer) et le TGV (Train à Grande Vitesse).
b Faites écouter le dialogue. Incitez à faire des phrases complètes pour répondre aux questions.

Mots-clés

À deux, les apprenants relisent les formules en s'échangeant les rôles et en modifiant les heures et les noms donnés.

3 Écrivez !

Les apprenants doivent transformer les phrases sous forme de questions. Demandez ensuite d'imaginer des réponses.

Outils

Faites lire la transcription de l'activité 2 (p. 163) pour y souligner les phrases relatant des faits passés. Demandez aux apprenants d'expliquer, à l'aide de ces phrases et des *Outils*, la formation du passé composé. Complétez en insistant sur les verbes avec *être*.

4 Simulation

Il s'agit d'apprendre à prévenir d'un retard (rôle A) par courriel, ainsi que de répondre à l'écrit de manière appropriée (rôle B).

5 Simulation

Il s'agit d'apprendre à raconter un trajet et prévenir d'un retard à l'oral, ainsi que de répondre de manière appropriée. Faites jouer une seconde fois en échangeant les rôles.

6 Simulation

À deux, les apprenants s'attribuent les rôles A et B puis consultent leur dossier respectif. Il s'agit de simuler un accueil à la réception, en essayant d'intégrer au maximum les acquis de l'étape.

Texte *La pause café*

Après la lecture, les apprenants comparent avec les usages de leurs pays puis indiquent quand ils font eux-mêmes des pauses.

Cahier d'activités (page 201)

1 Écrire des phrases typiques d'une situation d'accueil.
2 Raconter (e-mail) un voyage au passé composé.

Étape 2 ## Faire visiter les locaux

> → Faire visiter des locaux et une chaîne de production
> → Renseigner sur les fournisseurs et la distribution

1 Parlez !

Utilisez cette activité pour mettre en place la structure de phrase *Au restaurant, on déjeune.* Demandez de citer d'autres lieux de l'entreprise et leur fonction.

2 Écoutez !

a Faites numéroter les locaux dans l'ordre d'apparition dans l'enregistrement. Une seconde écoute sera sans doute nécessaire.
b Faites formuler les phrases à l'oral ou à l'écrit. Les apprenants utilisent ainsi activement le vocabulaire relatif à la production.

Mots-clés

Demandez de lire les *Mots-clés* en imaginant être en train de faire visiter des locaux.

Outils

Demandez aux apprenants de faire des hypothèses sur la signification des pronoms indéfinis puis complétez les explications.

3 Écoutez !

Faites lire la liste de questions et vérifiez que les apprenants comprennent ce qui est demandé. Faites prendre des notes pendant une première écoute, puis laissez vérifier pendant une seconde écoute avant d'écrire au propre les réponses. Ensuite, faites écouter l'extrait une dernière fois pour faire repérer les pronoms indéfinis utilisés dans le texte.

4 Simulation

Demandez aux personnes A de préparer des questions en plus de celles données en exemple. Les personnes B préparent des réponses en consultant éventuellement la transcription de l'activité 3 (page 163).

5 Simulation

A fait la visite guidée des locaux. B écoute la présentation et pose des questions sur la fabrication. Il est conseillé de faire préparer au préalable sous forme de notes.

Texte *Le comité d'entreprise*

Après la lecture, les apprenants précisent si cette structure existe dans leur pays.

CONSEILS D'UTILISATION

Cahier d'activités (page 202)

1 Utiliser le vocabulaire de la production.
2 Utiliser les pronoms indéfinis.

Étape 3 Présenter le planning

→ Présenter un planning et en communiquer les modifications

1 Parlez !

a Cet exercice d'échauffement permet de raconter le déroulement d'une journée de travail type.
b Les apprenants peuvent utiliser leur expérience personnelle pour décrire une journée catastrophe (*arriver en retard, renverser son café, oublier son portable* etc.).

2 Écoutez !

a Les apprenants lisent d'abord le planning puis écoutent la présentation. Ils notent ce qui a changé.
b Ils utilisent les nouvelles données pour répondre aux questions, à l'oral ou à l'écrit.

Mots-clés + Outils

Après la lecture des *Mots-clés*, demandez aux apprenants d'y trouver deux façons d'exprimer le futur. Si nécessaire, faites réviser le futur simple (voir p. 20). Faites ensuite lire les *Outils* pour expliquer comment fonctionne le futur proche.

3 Parlez !

Les apprenants présentent le planning en utilisant le futur proche. Si nécessaire, répartissez la présentation entre deux ou trois apprenants.

4 Simulation

À deux, les apprenants s'attribuent les rôles A et B puis consultent leur dossier respectif. B explique à A des changements de planning. A note les changements puis vérifie en consultant le dossier de B. Notez que le rôle B est approprié pour les apprenants plus faibles.

5 Écrivez !

Les apprenants mettent au propre le nouveau planning mis au point à l'activité 4.

Texte *L'heure, c'est l'heure*

Lisez ensemble puis comparez avec les pays des apprenants ou d'autres régions du monde.

Cahier d'activités (page 203)

1 Formuler la présentation d'un planning.

Étape 4 Mener une réunion

→ Faire une présentation
→ Gérer les temps de parole en réunion
→ Rédiger un compte-rendu

1 Lisez !

Faites d'abord lire ces phrases types d'une réunion à haute voix. Laissez ensuite les classer.

2 Écoutez !

Lisez l'ordre du jour puis faites écouter la réunion. Faites lire les questions puis repassez l'enregistrement avant de laisser répondre.

Mots-clés (page 38)

Il s'agit d'un plus large éventail de formules à connaître pour participer à une réunion. Faites lire à haute voix une phrase par apprenant.

Texte *L'art de la réunion*

Lisez ensemble puis demandez aux apprenants de relater leurs propres expériences de réunion.

3 Écoutez !

Faites lire les fiches des trois fabricants. Faites préciser les différences. Après l'écoute, les apprenants choisissent le fabricant dont il s'agit.

4 Simulation + Mots clés (page 39)

Dites aux apprenants d'utiliser les formules des *Mots-clés* pour préparer chacun la présentation d'un des deux fabricants restants de l'activité 3.

Outils

Lisez les Outils. Faites remarquer la différence entre *il faut* et *il vaut mieux*.

5 Écrivez !

Assurez-vous que les apprenants ont bien compris le compte-rendu sous forme de notes avant de leur faire écrire le compte-rendu sous forme rédigée (e-mail).

Cahier d'activités (page 204)

1 Comprendre des informations sur un fournisseur. 🔊)))
2 Exprimer un besoin.

Tâche finale

Il s'agit de préparer un reportage télévisé sur une entreprise. Faites lire le *Contexte* et assurez-vous que tout est compris. La classe se partage ensuite en groupes.

1 Les apprenants font des hypothèses sur le secteur d'activité des grands groupes français puis vérifient sur Internet. Si vous n'avez pas d'accès pendant le cours, préparez à l'avance les réponses (disponibles dans le *Cahier de solutions*).

2 Les groupes choisissent une ou plusieurs entreprises dont ils parleront. Ils font une recherche Internet pour de plus amples informations. Préparez des dossiers si vous n'avez pas accès à Internet, ou faites faire l'étape de recherche en dehors du cours.

3 + 4 Les groupes préparent le texte de la voix off du reportage, qui doit présenter l'entreprise, puis l'enregistrent ou le lisent à haute voix.

5 + 6 Les groupes complètent un mail pour demander une interview à un PDG français, puis préparent les questions de l'interview.

7 Activité facultative.

Prononciation

Pour chacun des deux exercices, faites écouter les enregistrements autant de fois que nécessaire. N'hésitez pas à faire relire et répéter les phrases plusieurs fois, en groupe ou individuellement.

MODULE 4

Étape 1   Négocier les tarifs

→ Utiliser un catalogue
→ Demander des renseignements sur les prix
→ Négocier une remise

1 Parlez !

Laissez les apprenants fixer séparément des prix pour chaque article. Ils réagissent ensuite aux propositions des autres. Vous pouvez aussi organiser une vente aux enchères ou demander de fixer un prix pour d'autres produits.

2 Écoutez !

a Faites lire les phrases puis numéroter selon l'ordre d'apparition dans le dialogue.

b Après de nouvelles écoutes, si nécessaire, les apprenants indiquent le meilleur prix proposé dans l'enregistrement.

Mots-clés

Faites relire ces phrases utiles lors d'une négociation, en changeant les prix et conditions donnés puis en échangeant les rôles.

Texte *Les taxes*

Après la lecture, posez des questions pour vérifier la compréhension : *Que signifie HT ? TVA ? TTC ?* Etc.

3 Écoutez et lisez !

Faites lire l'extrait de catalogue. Assurez-vous que les apprenants comprennent bien les différentes colonnes. Précisez les quatre informations qu'il va falloir comprendre dans l'enregistrement, pour lequel plusieurs écoutes seront nécessaires.

Outils

Montrez aux apprenants comment comparer, puis demandez-leur de repérer les formules de comparaison lors d'une nouvelle écoute du dialogue de l'activité 3.

4 Simulation

À deux, les apprenants s'attribuent les rôles A et B. A choisit dans le catalogue les produits à acheter, puis téléphone à B, le fournisseur. Précisez aux personnes A qu'il est impératif de demander des avantages supplémentaires, aux B qu'il ne faut pas consentir à tout, afin de simuler une situation réelle de négociation.

5 Écrivez !

Chaque apprenant écrit un courriel en fonction de son rôle à l'activité 4.

6 Simulation

Il s'agit du même type de simulation qu'à l'activité 4. Mais ici, l'acheteur A n'a pas connaissance au préalable de ce que le fournisseur B peut consentir, tandis que celui-ci n'a pas accès au catalogue de produits. Tout dépend alors de la compréhension orale, et donc de la qualité d'expression des apprenants.

Cahier d'activités (page 205)

1 Utiliser les structures de comparaison.
2 Formuler des demandes de remise.

Étape 2   Commander par téléphone

→ Passer et prendre une commande par téléphone
→ Modifier une commande en fonction du stock

1 Parlez !

Discutez des avantages et inconvénients des différents points de vente en fonction des produits concernés.

2 Écoutez !

a Faites lire les phrases puis numéroter selon l'ordre d'apparition dans le dialogue.

b Après de nouvelles écoutes, si nécessaire, les apprenants indiquent les points oubliés par Marc pour la prise de commande.

Mots-clés

Faites relire ces phrases utiles lors d'une commande par téléphone, en changeant les prix donnés puis en échangeant les rôles.

Outils

Faites travailler le pronom *en* avant l'activité 3 car ce point est essentiel pour donner correctement les quantités lors d'une commande.

3 Simulation

À deux, les apprenants s'attribuent les rôles A et B. A commande les produits indiqués, tandis que B prend la commande en respectant la check-list de l'activité 2.

4 Écoutez !

Faites lire le bon de commande pour une voiture. Annoncez qu'il va falloir à la fois corriger des erreurs et compléter des informations manquantes dans le document. Passez le dialogue entre le garagiste et le concessionnaire. Les apprenants peuvent cocher les données qu'ils estiment exactes pour s'aider.

5 Simulation

À deux, les apprenants s'attribuent les rôles A et B puis consultent leur dossier respectif. Cette simulation de commande fait aussi travailler la négociation de remises (*Étape 1* du *Module*).

Texte *L'ancêtre d'Internet ?*

Après la lecture, demandez aux apprenants s'ils ont déjà entendu parler du Minitel et l'ont déjà utilisé.

Cahier d'activités (page 206)

1 Utiliser le pronom *en*.
2 Comprendre une commande et remplir un bon de commande. ◀)))

Étape 3 Commander sur Internet

> → Rechercher un produit sur un site marchand
> → Modifier son panier
> → S'enregistrer comme client

1 Parlez !

Les apprenants discutent en petits groupes de leur utilisation d'Internet. Demandez ensuite en classe qui a déjà passé des commandes en ligne.

2 Écoutez !

Laissez les apprenants écouter l'enregistrement une première fois avant de lire les questions, puis passez-le une seconde fois.

3 Lisez !

Quatre captures d'écran se succèdent p. 49. Après les avoir bien observées, les apprenants encerclent les boutons sur lesquels il faudrait cliquer d'après les étapes listées p. 48.

Mots-clés

Laissez les apprenants apprendre désormais hors contexte les *Mots-clés* d'une commande Internet.

Outils

Faites expliquer comment donner des instructions à l'impératif. Précisez qu'il ne faut pas abuser de cette forme avec des clients, ou des collègues peu connus. Faites rechercher les impératifs contenus dans la double page (*parlez*, *lisez* etc.).

4 Simulation

À deux, les apprenants s'attribuent les rôles A et B. Il s'agit de simuler une véritable commande Internet, pendant laquelle B se base sur les indications de A pour agir, sans hésiter à poser des questions : *Si j'ai oublié mon mot de passe ? Et si je veux changer la quantité ?*

Cahier d'activités (page 206)

1 Utiliser les mots-clés d'une commande Internet.
2 Comprendre une commande et remplir un bon de commande en ligne. ◀)))

Étape 4 Gérer les stocks

> → Communiquer les délais de livraison
> → Actualiser les stocks

Remarque préliminaire

Le thème de l'*Étape*, la gestion des stocks, n'est pas sans difficulté. Prévoyez suffisamment de temps pour chacune des activités.

1 Parlez !

Les apprenants discutent en petits groupes, en faisant notamment référence à des expériences personnelles.

2 Lisez !

Demandez de lire l'énoncé de l'exercice puis le courriel avec grande attention. Les questions permettent ensuite de tester la compréhension écrite tout en faisant acquérir le vocabulaire relatif aux stocks.

3 Écoutez !

Le scénario continue avec un appel téléphonique du détaillant à son fournisseur. Les apprenants doivent écouter la conversation et indiquer si les phrases sont vraies ou fausses. Plusieurs écoutes seront sans doute nécessaires.

Mots-clés

Il s'agit de phrases pour indiquer la disponibilité d'un produit. Accompagnez la lecture en reformulant en langage courant : *les articles sont en stock* → *nous avons ces produits et pouvons les livrer* etc.

4 Écrivez ! + Outils

a Faites lire l'extrait du stock. Pour chacune des trois questions, faites formuler une phrase indiquant l'état du stock et le délai possible de livraison. Pour ce dernier point, faites choisir dans les *Outils* la préposition qui convient.
b Il faut mettre les stocks de l'activité 4 à jour d'après les informations contenues dans le bon de livraison.

5 Simulation

À deux, les apprenants s'attribuent les rôles A et B. Conseillez-leur de prendre le temps de préparer. A est un fournisseur. Il reçoit une livraison de son fabricant (voir le bon de livraison de l'activité 4b). Il va pouvoir livrer B, son client, dont la commande est précisée à l'activité 4. Il téléphone alors à B pour l'informer de ses nouveaux stocks et des nouveaux délais de livraison. B note les renseignements et pose des questions.

6 Simulation

À deux, les apprenants s'attribuent les rôles A et B puis consultent leur dossier respectif. A commande par téléphone les produits indiqués. B note la commande puis indique l'état des stocks et les délais de livraison, que A note soigneusement. A et B vérifient l'exactitude de leurs notes en consultant le dossier de l'autre.

Cahier d'activités (page 208)

1 Utiliser les prépositions de temps.
2 Formuler des informations sur les stocks.

Tâche finale

Cette tâche se fait en deux groupes : l'entreprise TEXTIGRO, qui vend des t-shirts à imprimer en gros ; l'entreprise MODE X, qui va acheter ces t-shirts pour les personnaliser et les vendre au détail. Faites lire le *Contexte*.

1 Les deux groupes créent chacun des pages Internet pour leur entreprise : MODE X fait une page d'accueil présentant la personnalisation de t-shirts et une page de vente au détail ; TEXTIGRO fait une page pour annoncer une promotion sur les t-shirts en gros et des pages de vente en ligne. Chaque groupe consulte ensuite le site Internet de l'autre groupe.
2 Les deux entreprises font une négociation par téléphone pour fixer les quantités de t-shirts, les prix et les délais de livraison.
3 MODE X passe la commande ferme auprès de TEXTIGRO, qui remplit le bon de commande. (Faites jouer deux nouveaux apprenants.)
4 Le groupe TEXTIGRO se met d'accord sur la rédaction d'un courriel de confirmation de commande.
5 Le groupe MODE X se met d'accord pour remplir une évaluation du vendeur TEXTIGRO. (*Les t-shirts sont-ils de bonne qualité ? Leurs tarifs sont-ils intéressants ?*)

Prononciation

Pour chacun des deux exercices, faites écouter les enregistrements autant de fois que nécessaire. N'hésitez pas à faire relire et répéter les phrases plusieurs fois, en groupe ou individuellement.

MODULE 5

Étape 1 Choisir un emballage

→ Choisir l'emballage en fonction du produit
→ Exprimer un besoin, une nécessité

1 Parlez !

Les apprenants sont amenés à parler de l'emballage de colis privés, en guise d'introduction au vocabulaire du conditionnement des marchandises.

2 Écoutez !

Après l'écoute, les apprenants notent d'abord les produits à expédier, puis cochent le plus de détails possibles sur l'emballage demandé.

Mots-clés

Montrez les différents aspects du conditionnement présentés : matières, méthodes de protection, aspects écologiques, quantités par carton.

3 Parlez !

Les apprenants choisissent les emballages appropriés et justifient leur choix en employant les *Mots-clés* et les adjectifs qu'ils connaissent.

Outils

Il faut connaître cette tournure, déjà employée dans les *Mots-clés*, pour faire l'activité 4. Demandez aux apprenants de faire des phrases pour exprimer de quels emballages une entreprise aurait besoin.

4 Simulation

B doit penser à l'emballage le plus approprié en recyclant ce qu'il a vu dans l'*Étape*. A peut reprendre les questions des *Mots-clés* pour faire des propositions.

5 Lisez et parlez !

Demandez aux apprenants s'ils connaissent le *point vert*. Faites lire le texte.
a Les questions permettent de tester la compréhension écrite.
b Les questions doivent donner lieu à une discussion ouverte, avec la classe ou en petits groupes.

Cahier d'activités (page 158)

1 Comprendre des informations sur l'emballage. ◀)))
2 Exprimer un besoin.

Étape 2 Expédier une commande

→ Donner une consigne
→ Exprimer une condition et une conséquence
→ Choisir un mode d'expédition

1 Parlez !

Chronopost est une filiale de l'entreprise publique *La Poste*, spécialisée dans le transport et la livraison express des plis et des colis. *Fedex* et *DHL* sont des transporteurs privés.

2 Écoutez !

Passez l'enregistrement une première fois pour faire noter les modes d'expédition et les délais de livraison ; une deuxième fois pour noter le mode d'expédition choisi ; enfin une troisième fois si nécessaire pour expliquer les choix du client.

Mots-clés

À deux, les apprenants se partagent la lecture de ces phrases utiles pour choisir un mode d'expédition, puis échangent les rôles.

Outils

La construction *si + présent + futur* est essentielle dans la formulation d'une condition. Dans ce contexte les apprenants doivent savoir conjuguer les verbes *avoir* et

recevoir au futur. Il faut aussi qu'ils maîtrisent *l'impératif + pronoms objets* pour donner un ordre d'expédition. Faites remarquer l'ordre des mots quand on emploie ces pronoms.

3 Simulation

À deux, les apprenants s'attribuent les rôles A (le fournisseur) et B (le client), puis consultent leur dossier respectif. A aura besoin de préparer son rôle et de se familiariser avec la documentation de son dossier. A et B auront besoin d'utiliser les *Mots-clés* et les *Outils*.

4 Lisez et écrivez !

Les apprenants lisent le modèle de confirmation d'envoi puis rédigent un courriel correspondant à l'activité 3.

5 Écoutez !

Cet exercice fait travailler les mots et expressions de l'*Étape*, ici dans le cadre du téléchargement.

6 Lisez !

Ce texte présente la question des livraisons du point de vue d'un particulier. Les apprenants lisent le texte en groupe ou individuellement puis répondent aux questions de compréhension.

Cahier d'activités (page 210)

1 Utiliser l'impératif avec des pronoms objets.
2 Comprendre des tarifs d'expédition.

Étape 3 Transporter la marchandise

→ Choisir un moyen de transport
→ Organiser une livraison

1 Parlez !

Il s'agit de mobiliser le vocabulaire des moyens de transport en parlant de l'acheminement d'effets personnels. Pour justifier leurs choix, les apprenants utilisent des adjectifs décrivant les affaires à envoyer et les moyens de transport appropriés : *grand, lourd, lent, fragile, rapide, pratique, plus cher, moins cher*.

2 Écoutez !

Il s'agit d'un dialogue entre un transporteur et le client qu'il doit livrer.
a Il faut relever des informations chiffrées.
b Au moins une nouvelle écoute sera nécessaire. Les apprenants observent le plan et notent le trajet à suivre selon les instructions du dialogue.

Mots-clés

Faites lire les *Mots-clés* puis repérer, à l'écoute ou en lisant la transcription du dialogue de l'activité 2 (p. 206), les passages qui correspondent aux formules des *Mots-clés*.

Texte *Les coordonnées GPS*

Après la lecture, les apprenants donnent leur avis : *les GPS sont-ils indispensables ?*

Outils

Le verbe *pouvoir* permet de formuler une demande polie. Demandez aux apprenants de créer d'autres exemples avec *Pouvez-vous* à partir des phrases des *Mots-clés*.

3 Simulation

Il s'agit d'organiser une réunion. À deux, les apprenants s'attribuent les rôles A (le client) et B (le fournisseur), puis consultent leur dossier respectif. Vérifiez que chacun prend des notes pendant l'échange, et assurez-vous qu'ils se servent des *Outils* pour formuler leurs demandes.

4 Lisez et parlez !

a Cette activité introduit le vocabulaire du transport de marchandises.
b Il s'agit du même exercice que l'activité 1, ici dans un contexte commercial.

Texte *Les Incoterms*®

Si les apprenants ont besoin des Incoterms® dans leur vie professionnelle, complétez la lecture du texte par des activités autour de la liste p. 181.

Cahier d'activités (page 211)

1 Comprendre des instructions et remplir un bon de livraison. 🔊)))
2 Écrire un courriel de confirmation d'expédition.

Étape 4 Réclamer et retourner un produit

> → Communiquer et résoudre un problème de livraison
> → Accorder un délai

1 Parlez !

Les apprenants disent à quelles occasions ils ont dû se plaindre d'un service ou d'un produit : *pas assez grand, trop chaud, de mauvaise qualité ; il manquait des articles ; j'étais déçu/e, furieux/-se, pas content/e.* Introduisez les verbes *retourner, échanger, rembourser.*

2 Écoutez !

Il s'agit d'apprendre à comprendre la réclamation d'un client, adressée à un centre d'appel, dont les apprenants notent les informations importantes.

Mots-clés

Faites lire à deux en changeant les produits et dates donnés en exemple.

3 Écrivez ! + Outils

Faites remarquer que la structure *ne ... que* se construit comme une négation. Demandez aux apprenants de l'utiliser pour exprimer ce qui manque dans la livraison donnée en exemple.

4 Lisez !

Faites lire le modèle de courriel de réclamation. Les questions de compréhension permettent de s'entraîner à la formulation de réclamations.

5 Simulation

À deux, les apprenants s'attribuent les rôles A et B puis consultent leur dossier respectif. A utilise le courriel de réclamation de l'activité 4 pour négocier une nouvelle date de livraison avec B par téléphone.

6 Lisez !

Assurez-vous que les apprenants comprennent bien le texte *Foire aux questions*. Pour chaque situation 1 à 5, ils doivent décider si le client peut échanger l'article ou se faire rembourser ; si les délais permettent un échange ou un remboursement ; enfin si le client doit payer les frais de retour.

Cahier d'activités (page 212)

1 Utiliser *ne ... que* pour exprimer un manque.
2 Informer un fournisseur, par courriel, des problèmes de livraison.
3 Répondre par courriel à un client pour résoudre un problème de livraison.

Tâche finale

Le but est de trouver un emballage et un mode de livraison pour un produit vendu en ligne (ballotins de chocolat). La classe se divise en groupes : chaque groupe représente un des services de l'entreprise, entre lesquels un concours est organisé. Faites lire le contexte et assurez-vous que tout est compris.
1 + 2 Chaque groupe définit un concept, tant du point de vue de l'image de l'entreprise que du point de vue des attentes du consommateur. Veulent-ils mettre l'accent sur l'esthétique du produit, le faible prix de livraison, le respect de l'écologie ? Les clients accorderont-ils plus d'importance à l'esthétique du produit, au prix, et / ou à la rapidité de livraison ?

3 + 4 Chaque groupe se met d'accord sur l'emballage et les modalités de livraison, tout en calculant les coûts et ce qui sera ou pas à la charge de l'acheteur.

5 Les apprenants peaufinent leur projet en imaginant un petit plus : carte de remerciement, bon de réduction, utilisation du réseau Kiala (voir p. 59) etc.

6 Après la présentation des projets, l'ensemble de la classe choisit le meilleur concept. Stipulez qu'il faut absolument parvenir à un accord.

Prononciation

Pour chacun des trois exercices, faites écouter les enregistrements autant de fois que nécessaire. N'hésitez pas à faire relire et répéter les phrases plusieurs fois, en groupe ou individuellement.

MODULE 6

Étape 1 Établir une facture

→ Calculer en français
→ Comprendre les éléments d'une facture
→ Signaler une erreur

1 Parlez ! + Outils

Utilisez cette activité pour revoir les nombres à plusieurs chiffres et les termes de calcul : *additionner, soustraire, diviser, multiplier*. Les premiers *Outils* montrent la présentation des nombres à l'écrit.

2 Écoutez !

L'enregistrement introduit le vocabulaire de la facturation. Faites écouter et prendre des notes avant de travailler sur les définitions.

3 Écrivez ! + Outils

Demandez aux apprenants d'expliquer l'accord des participes passés des *Outils*. Assurez-vous que la règle est maîtrisée à l'aide de l'activité 3, consistant à signaler des erreurs de facturation avec le verbe *se tromper*.

4 Écoutez !

Il s'agit de comprendre les réclamations de clients quant à leurs factures, qui peuvent porter sur la désignation des articles, la quantité commandée, le montant à payer ou la remise consentie.

Mots-clés

Ils compilent les phrases pour signaler ou s'excuser d'une erreur de facture. Faites lire à deux.

5 Lisez !

Il s'agit de reconnaître et comprendre les mentions obligatoires d'une facture.

Cahier d'activités (page 213)

1 Comprendre les éléments d'une facture. ◀)))
2 Établir une facture d'après un bon de commande.

Étape 2 Régler une facture

→ Fixer un délai de paiement
→ Transmettre ses coordonnées bancaires
→ Connaître les modes de paiement

1 Parlez !

L'objectif est de faire parler les apprenants sur les différents modes de paiement qu'ils utilisent en tant que consommateurs.

2 Écoutez !

Il s'agit d'introduire la terminologie du paiement commercial. Dites aux apprenants de prendre des notes en écoutant le dialogue, puis de distinguer le vrai et le faux.

Mots-clés

Les apprenants lisent à trois, l'un faisant le particulier, le deuxième le fournisseur, le troisième l'entrepreneur.

3 Lisez !

Il s'agit de découvrir les formulations usitées pour donner une échéance.

Outils

Vérifiez que les apprenants comprennent le fonctionnement du passif au présent et au passé.

4 Lisez et écrivez !

Cette activité reprend à la fois les *Mots-clés* et les *Outils* pour préciser les modes de paiement.

Texte *Le RIB*

Il est préférable de lire le texte et d'observer le RIB en classe avant de faire l'activité 5.

5 Simulation

À deux, les apprenants s'attribuent les rôles A (le client) et B (le fournisseur), puis consultent leur dossier respectif. À la fin, ils vérifient s'ils ont bien noté les informations relatives au paiement.

6 Lisez !

Il s'agit ici des paiements en ligne. Il faut associer chaque question au passage du texte permettant d'y apporter une réponse. Demandez ensuite aux apprenants de formuler les réponses à l'oral ou l'écrit.

Cahier d'activités (page 214)

1 Connaître les modes de paiement.
2 Mettre des phrases à la voix passive.

Étape 3 Effectuer une relance

→ Relancer un impayé par téléphone et par courrier
→ Répondre aux excuses d'un client

1 Parlez !

Il s'agit de faire réfléchir les apprenants aux situations de remboursement d'argent dans la vie quotidienne.

2 Écoutez !

Il s'agit de faire en sorte que les apprenants repèrent et notent les renseignements dont ils auraient besoin s'ils devaient faire une réclamation pour un impayé.

Mots-clés

Ces phrases fournissent les structures de communication permettant d'effectuer une relance mais aussi négocier un délai de paiement. Les apprenants lisent à deux, l'un faisant le créancier, l'autre le débiteur, puis s'échangent les rôles.

3 Parlez ! + Outils

Les apprenants cherchent deux verbes au conditionnel dans les *Mots-clés*, puis, à l'aide des *Outils*, observent la formation du temps. Donnez en exemple les deux premières phrases de l'activité 3a si nécessaire, puis laissez les apprenants formuler le reste à deux. Faites consigner par écrit au besoin.

4 Simulation

À deux, les apprenants s'attribuent les rôles A et B puis consultent leur dossier respectif. B, un fournisseur, appelle son client A qui n'a pas réglé sa facture. A explique pourquoi puis les deux se mettent d'accord sur une date de paiement.

5 Lisez !

Demandez aux apprenants de lire les deux lettres de relance. Ils doivent retrouver la chronologie d'envoi en se basant sur des passages des deux lettres. L'activité permet de découvrir les formulations usitées pour ce type de courrier.

6 Écrivez !

Pour rédiger la lettre, il faut choisir le niveau de relance approprié, et se servir de la lettre correspondante de l'activité 5 comme modèle.

Cahier d'activités (page 215)

1 Écouter un dialogue de relance. 🔊)))
2 Faire des demandes polies au conditionnel.
3 Savoir procéder à une relance.

Étape 4 Faire le bilan annuel

→ Lire et faire un bilan comptable
→ Communiquer les résultats d'une entreprise

1 Parlez ! + Outils

Les apprenants s'entraînent à lire à voix haute de grands nombres (en milliers, millions, milliards) pour comprendre et parler des résultats d'une société. Si nécessaire, invitez à consulter les *Outils* page 75. Faites lire d'autres nombres que vous écrivez au tableau ou que les apprenants se soumettent mutuellement.

2 Écoutez !

Faites écouter l'enregistrement deux ou trois fois si nécessaire. Les apprenants doivent noter les chiffres qu'ils entendent.

Mots-clés

Il s'agit ici d'acquérir les structures de communication pour parler des résultats d'une entreprise. Faites relire en changeant les nombres donnés.

3 Lisez !

a Faites lire le texte et demandez ce que signifient les termes *bilan annuel*, *actif*, *actif immobilisé*, *actif circulant*, *passif*, *capitaux propres* et *dettes*. Les apprenants qui travaillent peuvent donner des exemples d'actif immobilisé et d'actif circulant dans leurs entreprises. Ce vocabulaire sera nécessaire pour l'activité 4.
b Aidez-vous des questions données pour vérifier la compréhension.

4 Lisez !

Pour établir ce bilan, dites aux apprenants de consulter le texte de l'activité 3 pour déterminer ce qui est ici *actif* ou *passif*. Ils peuvent vérifier leur tableau en faisant les totaux de l'*actif* et du *passif*, qui doivent toujours être les mêmes.

5 Écrivez et parlez !

Les apprenants utilisent le tableau de l'activité 4 pour faire une présentation du bilan. Il faudra utiliser les chiffres des *Outils* et les formules des *Mots-clés*. Il vaut mieux préparer d'abord à l'écrit.

Texte *Les formes juridiques d'entreprise*

Après la lecture, demandez d'expliquer les trois formes les plus usuelles : EURL, SARL, SA. Demandez aux apprenants de préciser la forme des entreprises où ils travaillent ou aimeraient travailler. Renvoyez les apprenants ayant besoin de connaître plus de formes juridiques p. 182.

Cahier d'activités (page 216)

1 Comprendre les nombres élevés. ◀)))
2 Compléter un compte de résultat.

Tâche finale

Le but est de modifier les modalités de facturation d'un fournisseur afin d'augmenter les disponibilités à la banque.
1 Ensemble, lisez à la fois le contexte et le compte-rendu de l'activité 1. Assurez-vous que tout est compris, afin de garantir le bon déroulement de l'exercice.
2 + 3 En groupes, les apprenants analysent la situation, trouvent le nœud du problème et mettent en place un nouveau système permettant d'accroître les liquidités.
4 + 5 Deux modifications sont ici imposées : passer à deux lettres de relance et créer des lettres-types en français mais aussi dans les langues étrangères que le groupe connaît (ce point 5 peut être supprimé en cas de manque de temps).
6 Le groupe rédige le compte-rendu de la réunion pour informer la hiérarchie de leurs propositions et présenter les lettres-types.

Prononciation

a Il s'agit des consonnes finales non prononcées.
b Faites compléter avec les formes correctes, qui sont connues des apprenants, pour les habituer à les reconnaître lorsqu'elles sont prononcées très vite à l'oral.

MODULE 7

Étape 1 Poser sa candidature

→ Comprendre une offre d'emploi
→ Rédiger CV et lettre de motivation
→ Parler de ses qualités

1 Parlez !

On donne ici aux apprenants le vocabulaire de la recherche d'emploi pour qu'ils puissent parler de leur propre expérience et donner leur avis sur la question.

2 Écoutez !

Il s'agit des renseignements que noterait un/e employé/e de la DRH en recevant l'appel d'un/e candidat/e. Les étudiants apprennent comment rendre compte de leur expérience et de leurs compétences.

Mots clés

Les apprenants lisent une première fois puis échangent les rôles. Faites comparer ensuite avec la lettre de motivation p. 184 pour distinguer ce qui se dit et ce qui se fait à l'écrit.

3 Lisez !

a Faites lire l'offre d'emploi p. 81. Faites expliquer la différence entre CDI et CDD.
b Les apprenants analysent le profil du candidat.
c Les apprenants déterminent en petits groupes si le candidat est intéressant. Le fait qu'il ne parle pas allemand semble certes éliminatoire, mais ce qui compte, c'est de laisser les apprenants discuter et se mettre d'accord, quelle que soit leur décision.

Outils

Il est possible de faire travailler l'expression de la durée dans le cadre des activités 2, 4 ou 5.

4 Simulation

Faites relire l'offre d'emploi de l'activité 3. Laissez les apprenants consulter les *Mots-clés* pour préparer l'appel téléphonique. La personne A s'invente un profil puis pose sa candidature auprès de B.

5 Écrivez !

Faites lire le modèle de CV p. 183. Demandez aux apprenants de comparer avec les CV en usage dans leur pays. Ensuite, ils imaginent comment ils rempliraient les différentes rubriques en ce qui les concerne. Procédez de même avec le modèle de lettre de motivation p. 224. Les apprenants rédigent leur candidature au poste de l'activité 3, ou répondent à une annonce de leur choix trouvée sur Internet.

6 Simulation

À deux, les apprenants s'attribuent les rôles A et B puis lisent l'offre d'emploi dans leur dossier. A, le candidat, appelle pour convenir d'une date d'entretien d'embauche.

Cahier d'activités (page 217)

1 Noter des informations sur un candidat. ◀)))
2 Lire des offres d'emploi.

Étape 2 Passer un entretien d'embauche

→ Interroger un candidat
→ Parler de sa formation et de son expérience

1 Parlez !

Il s'agit de savoir nommer ses qualités, ses compétences, ses savoir-faire. À deux, les apprenants listent leurs atouts. Au préalable, préparez les expressions qui correspondent aux professions et situations des apprenants que vous devez former.

2 Écoutez !

a Il s'agit d'écouter un entretien d'embauche (poste dans la restauration). Passer l'enregistrement deux fois pour que les apprenants vérifient les informations qu'ils ont notées. L'accent est mis sur la compréhension des dates.
b Connaître cette expression idiomatique est utile pour les apprenants sans formation spécifique et les professions où un diplôme n'est pas nécessaire.

3 Parlez !

Mettez les apprenants en petits groupes pour discuter de ce qui plaît à un recruteur lors d'un entretien. Proposez de numéroter les critères dans l'ordre d'importance et d'en ajouter d'autres. Il n'y a pas de réponse correcte : le fait de discuter est ici ce qui importe.

Outils

Vérifiez que les apprenants comprennent la formation de l'imparfait. Faites travailler les verbes utiles pour parler de son expérience professionnelle.

4 Lisez et écrivez !

Les apprenants lisent l'annonce puis répondent aux questions comme s'ils préparaient leur participation à un entretien.

Mots-clés

Les *Mots-clés* recensent les phrases utiles à la fois pour passer ou faire passer un entretien. Les apprenants lisent une première fois puis échangent les rôles.

5 Écoutez !

Cet enregistrement reprend les questions types qui peuvent être posées lors d'un entretien (voir *Mots-clés*). Les apprenants s'entraînent à les distinguer à l'écoute.

6 Simulation

Il s'agit de simuler la sélection d'un candidat, en deux étapes. Toute la classe lit l'offre d'emploi des dossiers (p. 134 ou 140). Vérifiez que tous comprennent le poste proposé et le profil recherché. Les apprenants peuvent préparer leur rôle, mais sans tout rédiger à l'avance.
a À deux, les apprenants s'attribuent les rôles A et B. A fait passer un entretien d'embauche au candidat B.
b Les recruteurs A se regroupent pour parler des candidats et choisir la personne qu'ils vont embaucher. Les candidats B se regroupent, comme s'ils se croisaient en sortant de l'entretien, et discutent de leurs impressions. Tenez si possibles les deux groupes éloignés.

Cahier d'activités (page 218)

1a Noter des informations sur un poste à pourvoir. ◀)))
1b Utiliser l'imparfait.
2 Évaluer les candidats lors d'un entretien. ◀)))

Étape 3 S'accorder sur les conditions

→ Annoncer une embauche
→ Comprendre les conditions du contrat de travail
→ Négocier un salaire et des avantages

1 Parlez !

Cette activité est l'occasion d'introduire le vocabulaire des conditions de travail. Les apprenants parlent de leurs expériences et des conditions habituelles dans leur pays.

2 Écoutez !

Dans ce dialogue, une employée des ressources humaines informe un nouveau salarié sur les conditions de travail. Faites écouter puis cocher les bonnes réponses.

Mots-clés

Les mots-clés permettent d'acquérir la terminologie des conditions de travail. Faites lire à deux.

3 Simulation

Les apprenants auront sans doute besoin de préparer leur rôle. Pour le poste de l'activité 2, A veut négocier un meilleur salaire et met en avant ses qualités. B ne peut accorder plus mais imagine d'autres avantages, comme l'accès à la formation continue, par exemple. (Expliquez au besoin le *treizième mois*, l'équivalent d'un mois supplémentaire de salaire.)

Outils

Expliquez l'emploi de *quand* et faites faire d'autres phrases sur ce modèle. Vérifiez que les apprenants savent employer *qui* et *que* avant de faire l'activité 4.

4 Parlez !

Les apprenants se servent des *Mots-clés* pour expliquer les conditions de travail de deux postes différents. Ils travaillent à deux : l'un explique et l'autre pose des questions. (Notez qu'en **a**, il ne s'agit pas d'une pause déjeuner mais d'une coupure dans la journée de travail, courante dans ce type de poste.)

5 Écrivez !

Le but est de savoir expliquer ses conditions de travail à son entourage. Revoir *Module 2, Étape 2* pour la rédaction d'un courriel informel.

6 Parlez !

Encouragez les apprenants à imaginer comment sera leur emploi dans dix ans, afin de réviser à la fois les acquis de l'étape et l'expression du futur.

Texte *Les RTT*

Après la lecture, demandez aux apprenants de comparer avec leur pays puis de dire quel système ils préfèrent.

Cahier d'activités (page 218)

1 Informer un nouveau collègue de ses conditions de travail.

Étape 4 **Accueillir un nouvel employé**

→ Donner des instructions
→ Prendre ses repères dans un nouvel environnement professionnel

1 Parlez !

Les apprenants se remémorent leur première journée lors d'un stage ou d'un nouvel emploi, afin d'anticiper sur le thème de l'étape.

2 Écoutez !

Les apprenants écoutent l'enregistrement et cochent les instructions données au nouvel employé.

Mots-clés

Les *Mots-clés* reprennent les principales structures pour poser des questions ou donner des informations lors de l'arrivée d'un nouveau collaborateur. Ils permettent, au-delà, d'apprendre à comprendre ou donner des instructions. Les apprenants lisent une première fois puis s'échangent les rôles.

3 Simulation + Outils (page 86)

a Chaque apprenant instruit son partenaire sur une opération de son choix. Il est possible d'utiliser les formules *je vais vous expliquer, vous devez, il faut* etc.
b Faites conjuguer la liste de l'activité 2 pour réviser l'impératif. Ensuite, chaque apprenant instruit son partenaire en utilisant l'impératif. Pour cela, montrez dans les *Outils* les structures avec un pronom. Avant de commencer la partie **b**, donnez d'autres exemples : *donner un dossier à quelqu'un* ➔ *donnez-lui le dossier* ; *allez voir la responsable* ➔ *allez la voir* etc.

4 Lisez et écrivez !

L'activité réinvestit le vocabulaire de l'expédition (voir p. 50 et 56). Demandez aux apprenants de lire le texte et de relever les verbes décrivant ce que font le *préparateur* et le *manutentionnaire*, de les donner à l'infinitif, puis de les conjuguer à l'impératif pour construire ainsi un ensemble d'instructions à partir du texte.

Outils (page 87)

Expliquez le pronom *y* et incitez les apprenants à l'utiliser dans l'activité 5.

5 Parlez !

Il s'agit de s'entraîner à discuter de manière informelle avec des collègues. À trois, les apprenants s'attribuent les rôles A, B et C. B et C, qui simulent une discussion près de la machine à café, engagent la conversation avec A, un nouveau collègue. Il ne s'agit pas de parler du travail. A pose des questions sur la ville tandis que B et C lui proposent des sorties.

Cahier d'activités (page 220)

1 Utiliser l'impératif avec des pronoms.
2 Écrire un courriel informel.

Tâche finale

Le scénario est la réunion d'un comité d'entreprise (voir p. 35). Face à une baisse du chiffre d'affaires, l'entreprise envisage de réduire le coût du personnel. Faites lire le contexte mais aussi les textes des activités 1 et 2 avant de passer au jeu de rôle.

1 à 4 Dans chaque groupe, les apprenants s'attribuent les rôles, préparent leurs interventions séparément, enfin conduisent la réunion en prenant des notes.
5 Selon leur rôle, les apprenants rédigent soit un compte-rendu soit un courriel informatif suite à la réunion.

Prononciation

1 La première activité sensibilise à l'importance des liaisons.
2 Sans entendre d'enregistrement, les apprenants testent leur intuition en signalant les liaisons obligatoires. N'hésitez pas ensuite à lire vous-même les phrases si nécessaire.

MODULE 8

Étape 1 Réserver un stand

→ Se renseigner sur les prestations d'un stand
→ Choisir un emplacement et s'inscrire

1 Parlez !

Comme introduction à ce *Module*, les apprenants s'interrogent sur l'intérêt de participer à un salon professionnel. Il n'y a pas de bonnes ou mauvaises réponses. Pour relancer la discussion, invitez à justifier les réponses ou à relater des expériences personnelles.

2 Écoutez !

Il s'agit de comprendre les prestations incluses dans un système de forfait, ici un stand pré-équipé. Les apprenants cochent les prestations comprises puis indiquent le nom du stand choisi.

Mots-clés

Voici les questions / réponses d'un dialogue pour réserver un stand. Les apprenants lisent une première fois en complétant avec des données chiffrées puis échangent les rôles.

3 Écrivez !

Les apprenants doivent utiliser les informations de l'activité 2 pour réserver par courriel.

4 Simulation

À deux, les apprenants s'attribuent les rôles A et B puis consultent leur dossier respectif sans le montrer à l'autre. A appelle B et choisit un stand en fonction des prestations que B propose.

5 Lisez !

D'après les conseils du texte *Choisir un emplacement*, les apprenants déterminent, seuls, les meilleurs et les pires emplacements de stand sur le schéma. Ils comparent ensuite leurs choix à deux ou avec la classe.

6 Écrivez ! + Outils

a Les apprenants numérotent les étapes de la réservation d'un stand.
b Ils utilisent la structure *avant de + inf.,* pour exprimer la chronologie de deux étapes.

Cahier d'activités (page 221)

1 Comprendre des tarifs. ◀)))
2 Remplir un ordre de réservation. ◀)))

Étape 2 Parfaire sa communication

→ Évaluer l'intérêt de participer à un salon
→ Prévoir les moyens de communication

1 Parlez !

Cette activité d'échauffement permet de passer en revue différents types d'invitation dans un contexte privé. Les apprenants peuvent ajouter des exemples personnels.

2 Écoutez !

Les apprenants doivent concentrer leur écoute sur les différents outils de communication proposés avec le stand choisi et les noter.

3 Lisez et écrivez ! + Mots-clés

À l'activité 3, les apprenants doivent faire correspondre les différents outils de communication de la liste avec leur objectif. La liste et les *Mots-clés* recensent les outils de communication proposés généralement par les organisateurs d'un salon.

4 Simulation

À deux, les apprenants s'attribuent les rôles A et B puis consultent leur dossier respectif sans le montrer à l'autre. A, exposant à un salon, appelle B pour vérifier son inscription et demander des moyens de communication supplémentaires. B décide s'il les accorde ou pas, et pour quelles raisons.

5 Écoutez !

L'activité introduit la dimension du marketing. Après avoir lu la liste d'objectifs, les apprenants doivent déterminer, pour chacun des quatre intervenants, pourquoi ils participent. Faites une pause après chaque intervention si nécessaire.

6 Lisez et parlez !

Il s'agit de lire la publicité d'un salon et de décider s'il y a suffisamment de points forts pour que la société Movin'Sport y participe. Le fait que le salon soit à trop grande échelle ferait certes pencher vers le non, mais ce qui compte, c'est de laisser les apprenants discuter et se mettre d'accord, quelle que soit leur décision.

Cahier d'activités (page 222)

1 Lire la présentation d'un stand et préparer sa participation.

Étape 3 Organiser un voyage

→ Réserver un billet de train ou d'avion
→ Faire face à un imprévu

1 Parlez !

Il s'agit de parler des différentes façons d'acheter un billet de train. Les apprenants peuvent mentionner leurs derniers achats.

2 Écoutez !

Faites écouter le dialogue de réservation par téléphone et noter les informations importantes d'un voyage.

Mots clés

Ils compilent ce qu'un voyageur doit pouvoir demander et comprendre pour réserver un billet de train ou d'avion. Les apprenants lisent une première fois puis échangent les rôles.

3 Parlez !

À deux, les apprenants s'attribuent les rôles A et B. Ils utilisent les *Mots-clés* pour réserver un vol.

4 Écoutez !

Dans le dialogue, un opérateur informe un client de l'annulation d'un vol. Il s'agit d'être capable de comprendre des informations inattendues.

5 Lisez !

Les apprenants lisent la présentation du service *en-voyage.mobi* puis discutent en petits groupes ou avec la classe. Toutes les réponses sont possibles, l'objectif étant la capacité à participer à une discussion.

Cahier d'activités (page 223)

1 Réserver un billet d'avion pour un tiers. ◀)))
2 Comprendre une offre spéciale.

Étape 4 Réserver un hôtel

→ Comparer les prestations
→ Réserver par téléphone et Internet
→ Organiser un séminaire

1 Parlez !

Utilisez cette activité où il faut choisir un hôtel selon ses goûts avant de passer à la réservation d'un hôtel pour des raisons professionnelles.

2 Écoutez !

Le dialogue permet d'introduire la terminologie de la réservation d'hôtel. Les apprenants notent leurs réponses individuellement. Ils peuvent résumer ensuite chacun leur tour, à leur partenaire, les souhaits de la cliente.

Mots-clés

Les apprenants lisent une première fois puis échangent les rôles.

3 Écoutez et écrivez !

Les apprenants rédigent l'e-mail de confirmation de la cliente de l'activité 2, après avoir réécouté le dialogue autant de fois que nécessaire.

Outils

Expliquez le comparatif. Faites relever, dans la transcription de l'activité 2, les phrases de comparaison.

4 Lisez et parlez !

Les apprenants lisent attentivement les descriptifs des hôtels, puis formulent, à l'oral, un maximum de phrases pour les comparer, à deux ou en petits groupes.

5 Simulation

À deux, les apprenants s'attribuent les rôles A et B puis consultent leur dossier respectif sans le montrer à l'autre. Il est conseillé de laisser du temps aux apprenants pour se préparer. A téléphone à B pour réserver un hôtel. Les deux prennent des notes.

6 Écrivez !

Tous les apprenants écrivent un courriel de confirmation correspondant à la réservation de l'activité 5.

Cahier d'activités (page 224)

1 Comparer deux hôtels.
2 Effectuer une réservation en ligne.

Tâche finale

L'objectif est de conseiller au directeur du marketing un salon auquel participer. Ensemble, lisez le contexte puis formez des groupes.

1 + 2 Dans cette phase de pré-réunion, chaque participant liste les avantages et les inconvénients des trois salons proposés puis fait un choix personnel. Ensuite, chacun imagine l'organisation, le stand, les moyens de communication à mettre en œuvre.

3 Chaque groupe conduit la réunion en suivant l'ordre du jour donné.

4 + 5 Chaque groupe rédige un rapport puis le présente devant vous (qui jouez le directeur / la directrice du marketing).

Prononciation

1 Il s'agit de sensibiliser les apprenants à l'importance de l'enchaînement des mots.

2 Les instructions de lecture exagèrent à dessein l'enchaînement. Faites relire une seconde fois en laissant faire des pauses après les virgules et les points.

MODULE 9

Étape 1 Installer un stand

> → Faire installer son matériel
> → Exposer un problème d'installation
> → Proposer une solution

1 Parlez !

L'activité place les apprenants face à une situation de problème de matériel dans le cadre d'une fête privée, afin de les laisser évoquer des expériences personnelles.

2 Écoutez !

Il s'agit d'un dialogue entre une exposante et un technicien. Les apprenants font la liste du matériel défectueux ou manquant.

Mots-clés

Les phrases complètent le vocabulaire de l'activité 2. Les apprenants relisent en complétant les omissions par des exemples, puis en s'échangeant les rôles.

3 Lisez !

Il s'agit de trouver une solution appropriée face à un problème de matériel. Il y a parfois plusieurs solutions possibles.

4 Lisez !

Il s'agit de lire chaque situation et d'indiquer s'il faut une prise électrique ou une prise USB.

Outils

La rubrique couvre deux points : *ce qui / ce que*, puis la négation avec *ne ... jamais* et *ne ... ni ... ni*. Faites en classe l'activité 2 p. 225 pour faire travailler ces deux points.

5 Lisez et écrivez !

Il est possible d'utiliser la formule *il manque qc* pour indiquer le matériel manquant.

6 Simulation

À deux, les apprenants s'attribuent les rôles A et B puis consultent leur dossier respectif sans le montrer à l'autre. A, un exposant, consulte sa check-list et informe B des problèmes, pour lesquels celui-ci propose des solutions appropriées.

Cahier d'activités (page 225)

1 Comprendre des problèmes de matériel et remplir une check-list. ◀)))
2a Utiliser *ce qui* et *ce que*.
2b Utiliser *ne ... jamais* et *ne ... ni ... ni*.

Étape 2 Accueillir un visiteur sur son stand

> → Argumenter pour vendre son produit
> → Faire bonne impression auprès du client

1 Parlez !

Les apprenants donnent les caractéristiques de leur véhicule ou de celui d'un ami afin de s'entraîner à décrire des produits techniques.

2 Écoutez !

Il s'agit d'analyser la discussion entre un exposant et un visiteur autour d'un produit. Faites écouter puis cocher les réponses individuellement. Amenez les apprenants à analyser les techniques de vente appliquées par l'exposant. Ce dernier, après un accueil poli, pose des questions pour connaître les besoins de son client et proposer un produit adapté. Le client se plaint du prix et veut réfléchir : cela signifie qu'il n'achètera sans doute pas. L'exposant ne manque pas de lui demander sa carte de visite, mais n'insiste pas pour vendre, le but étant de prospecter pour des ventes futures.

Mots-clés

Les phrases viennent compléter le vocabulaire de l'activité 2. Les apprenants relisent en complétant les omissions par des exemples, puis s'échangent les rôles.

3 Parlez ! + Outils

Si nécessaire, faites réviser le comparatif (voir les *Outils grammaticaux* p. 144, ou les *Outils* p. 99). Introduisez *mieux* et le superlatif. Aidez les apprenants, qui travaillent à deux, à comparer deux véhicules (ceux qu'ils possèdent ou dont ils rêvent).

4 Lisez !

Les apprenants doivent associer les arguments d'un vendeur aux propos d'un client. Ils découvrent ainsi comment répondre aux objections des clients.

5 Lisez et écoutez !

Il faut lire le courriel et les *Consignes pour la tenue d'un stand*. Assurez-vous que tout est compris, puis faites écouter le dialogue. Les apprenants soulignent, individuellement, les *Consignes* que l'exposant n'a pas suivies.

6 Parlez !

En petits groupes, les apprenants discutent du comportement du vendeur de l'activité 5 : ce qu'il a fait ou pas, ce qui était bien ou moins bien, etc. Toutes les réponses sont possibles, l'objectif étant la capacité à participer à une discussion.

7 Simulation

À deux, les apprenants s'attribuent les rôles A et B. Ils simulent un dialogue entre un exposant (A) et un client potentiel (B) autour d'un nouveau type de produit : le linge de maison. Il revient aux apprenants d'imaginer les caractéristiques des produits : si nécessaire, donnez-leur des pages de catalogue pour qu'ils disposent du vocabulaire spécifique.

Cahier d'activités (page 226)

1 Comprendre les caractéristiques d'un produit et remplir la fiche technique. ◀)))
2 Comparer avec *mieux*.

Étape 3 Rechercher un intermédiaire

→ Différencier l'agent commercial du distributeur
→ Négocier les clauses d'un contrat de distribution

1 Parlez !

Les apprenants parlent de situations privées où ils ont eu recours à un intermédiaire, pour qu'ils sachent déterminer ce qu'attend une entreprise d'un intermédiaire qui la représente.

2 Écoutez !

a Cette activité de compréhension fait découvrir deux types d'intermédiaires commerciaux : l'agent et le distributeur.
b Les apprenants découvrent la terminologie d'un contrat en général et les clauses essentielles du contrat d'un agent commercial.

Mots-clés

Ils compilent ce qu'il faut savoir sur les missions d'un agent. Vous pouvez attirer l'attention des apprenants sur les demandes polies (*Pouvez-vous…*) et la structure *devoir + inf.* pour formuler des obligations.

3 Écoutez !

Ce dialogue est une négociation entre une entreprise et un distributeur. Traitez les questions **a**, **b** et **c** séparément. Repassez l'enregistrement à chaque fois.

4 Lisez !

Faites lire le contrat de distribution attentivement. Les apprenants associent ensuite chacun des six thèmes à l'article correspondant dans le contrat. Invitez ensuite les apprenants à observer la formulation d'un contrat officiel : *ci-après dénommé, reconductible, résiliation*, usage du futur, délimitation claire des obligations etc.

Texte *S'implanter à l'étranger*

Après la lecture, demandez aux apprenants la différence entre une succursale, une filiale et un partenariat. Faites-leur citer des entreprises françaises installées dans leur pays.

Cahier d'activités (page 227)

1 Connaître les rôles de l'agent commercial et du distributeur.

Étape 4 Assister à un repas d'affaires

→ Faire la conversation
→ Parler de l'évolution des chiffres
→ Décrire un graphique

Remarque préliminaire

L'*Étape* traite deux savoir-faire importants : participer à un repas d'affaires d'une part (activités 1 et 2), parler de l'évolution des ventes d'autre part (*Mots-clés* et activités 4 à 6).

1 Parlez !

Les apprenants ont déjà vu les présentations dans le *Module 1* et la façon d'accueillir un collègue dans le *Module 7*. Il s'agit ici de réfléchir à la manière d'engager la conversation lors d'un repas d'affaires et de penser aux sujets de conversation appropriés.

2 Parlez ! + Outils

Les apprenants utilisent les *Outils* pour choisir *le meilleur* restaurant pour un repas d'affaires dans leur ville. Il s'agit d'une simulation libre, en petits groupes.

3 Écoutez !

Il s'agit d'une conversation à table. Les apprenants suivent à la fois le fil de la conversation professionnelle et les sujets plus triviaux abordés.
a Les apprenants repèrent comment on parle d'une entreprise qui réussit.
b On se concentre sur les sujets qu'il convient d'aborder dans un repas : il faut trouver le juste équilibre entre le *small talk* et les sujets sérieux.

Mots-clés

Les *Mots-clés* recensent les expressions pour rendre compte de l'évolution des ventes. Prévoyez suffisamment de temps car ils contiennent de nombreux mots nouveaux. Il est nécessaire de savoir comparer et conjuguer au passé composé.

4 Lisez !

Faites lire le texte. Il relate comment une société a pu être redressée. Cela introduit la dimension de la politique commerciale. Faites lister les mots ou expressions qui expriment la hausse ou la baisse. Vous pouvez ensuite demander aux apprenants par quels moyens l'entreprise a réussi à augmenter ses ventes.

5 Écrivez !

Demandez aux apprenants de bien observer le graphique. Quelle(s) information(s) donne-t-il ? Assurez-vous que les apprenants comprennent bien les données avant de faire écrire le commentaire. Ils peuvent utiliser les *Mots-clés* et se servir du texte *La Maison de la Mode* comme modèle.

6 Simulation

Dans ce jeu de rôle, chaque partenaire dispose d'un graphique présentant l'évolution des commandes sur plusieurs années dans leur entreprise respective. Après en avoir extrait les données importantes, ils introduisent ces dernières dans une conversation plus large, où on aborde aussi des sujets comme le temps qu'il fait, au cours d'un déjeuner d'affaires.

Cahier d'activités (page 228)

1 Lire et présenter un graphique.
2 Comparer avec *(le / la / les) meilleur/e/s*.

Tâche finale

Le but de l'activité est de négocier un contrat pour la distribution de produits alimentaires lors d'un repas d'affaires. Faites lire le contexte aux apprenants, avant de séparer la classe en deux groupes : le fabricant d'une part, le distributeur d'autre part.
1 Chaque groupe définit son entreprise, les produits / services qu'il propose, ainsi que les questions ou informations qu'il faudra soumettre à l'autre groupe, enfin les modalités du contrat envisagées. Il est conseillé de lire à cet effet le contrat de distribution de l'activité 3 avant de continuer, afin que les propositions restent dans un cadre juridique réaliste.
2 + 3 Lors du déjeuner d'affaires, les groupes entretiennent la conversation sur divers sujets, puis négocient le contrat de distribution à établir à la fin.

Prononciation

1 L'objectif est d'acquérir un bon rythme d'élocution en s'appuyant sur les groupes de mots dans la phrase.
2 L'activité sensibilise à la tendance à accentuer la fin d'un groupe ou d'une phrase, sans toutefois faire de longues pauses.

MODULE 10

Étape 1 Fidéliser la clientèle

→ Connaître les stratégies de fidélisation
→ Préparer une enquête de satisfaction

1 Parlez !

Les apprenants parlent de différentes techniques utilisées pour la fidélisation, à partir de documents où ils trouvent le vocabulaire nécessaire, ou de leur expérience personnelle.

2 Écoutez !

En complétant le formulaire, les apprenants obtiennent le profil du lecteur dont il est question dans le dialogue. Il faut écouter une deuxième fois pour repérer l'offre qu'on lui fait.

Mots-clés

Ce qui importe ici est la stratégie de communication à adopter. Si l'on fait du marketing téléphonique, on doit savoir demander au client de consacrer un peu de temps, et poser des questions fermées ou peu ouvertes pour inciter à des réponses courtes.

Outils

Il s'agit de deux constructions verbales : *décider* + *de* + *inf.* et *venir de* + *inf.*

3 Écrivez et parlez !

a Attribuez les deux produits (un séjour vacances, une émission de télévision) à des groupes différents. Les apprenants établissent un questionnaire de satisfaction.
b Demandez à ceux qui répondent au questionnaire d'utiliser *décider de* et *venir de* dans leurs réponses.

4 Lisez !

a Amenez les apprenants à observer les trois techniques de fidélisation. Demandez-leur de préciser à quelle occasion les offres ont été proposées (après une inscription en ligne, dans un magasin ou un courrier, sur l'enveloppe d'un courrier).
b En petits groupes, les apprenants conçoivent puis réalisent une offre. La formulation dépendra du support choisi (une newsletter, un courriel etc.).

5 Lisez et parlez !

Faites lire le texte *Pour fidéliser un client*. En petits groupes, les apprenants discutent de l'importance des méthodes proposées. Toutes les réponses sont possibles, l'objectif étant la capacité à participer à une discussion.

Cahier d'activités (page 229)

1 Comprendre une enquête et remplir un formulaire de satisfaction. ◀)))
2 Utiliser *décider de*.

Étape 2 Rechercher de nouveaux clients

→ Démarcher par téléphone
→ Analyser les accroches d'une publicité
→ Rédiger un prospectus

1 Parlez !

Demandez aux apprenants ayant déjà reçu des appels de télévendeurs de raconter leurs expériences. Les autres peuvent aussi donner leur avis sur cette méthode de prospection.

2 Écoutez !

On revoit des techniques de vente abordées dans le *Module 9*. Les apprenants doivent repérer les phrases qui correspondent aux différentes étapes de la prospection. Assurez-vous qu'ils comprennent bien ces étapes avant de commencer l'écoute.

Mots-clés

Faites analyser la stratégie de vente : le vendeur pose des questions pour établir le contact, puis il donne des arguments pour contrer les objections. En proposant d'emblée une date de rendez-vous et en suggérant des dates possibles, le vendeur décourage son prospect de lui refuser un rendez-vous.

Outils

Demandez d'inventer d'autres phrases avec *il paraît que*. Faites faire l'activité 2 p. 230.

3 Lisez et parlez !

L'apprenant, potentiellement futur vendeur, apprend à tourner ses phrases de manière positive et engageante.

4 Simulation

À deux, les apprenants s'attribuent les rôles A et B. Faites lire la consigne et expliquer au besoin l'expression *faire barrage*. À la fin du jeu de rôle, voyez quels démarcheurs (A) ont obtenu un rendez-vous et quels prospects (B) ont fait barrage.

5 Lisez !

Le but est de connaître le vocabulaire du mailing en mettant dans l'ordre les étapes de mise en œuvre.

6 Lisez !

Ce texte fournit un exemple de prospectus publicitaire dans lequel les apprenants devront repérer ce qui incite le client à se manifester. Ils trouveront les techniques de persuasion utilisées en répondant aux questions.

7 Écrivez !

En petits groupes, les apprenants créent leur propre prospectus publicitaire. Ils peuvent vérifier qu'ils n'oublient rien en utilisant les questions de l'activité 6 comme check-list.

Cahier d'activités (page 230)

1 Analyser un appel de prospection. ◀)))
2 Utiliser *il paraît*.

Étape 3 Promouvoir un produit

→ Positionner un produit et en vanter les mérites
→ Planifier une action marketing

1 Parlez !

Chacun pense à une publicité qui l'a particulièrement marqué puis la présente aux autres. Préparez des copies de publicités d'entreprises françaises du secteur des apprenants pour ceux qui manqueraient d'idées.

2 Écoutez !

Assurez-vous que les apprenants comprennent les formes de publicité données ici avant de passer l'enregistrement. Repassez-le pour chaque partie de l'activité.

Mots-clés

Les structures permettent de mettre en valeur un produit lors d'un face à face avec le client. Elles reprennent les questions types que posent, en général, les consommateurs. Les apprenants peuvent se les lire mutuellement en introduisant des variantes sur le choix des produits, par exemple.

3 Simulation

À deux, les apprenants s'attribuent les rôles A et B. A vante les mérites d'un des trois produits proposés, B pose des questions. N'hésitez pas à inverser ensuite les rôles en choisissant un nouveau produit.

4 Écrivez ! + Outils

a *Tous* figure déjà dans les *Mots-clés*. Après avoir consulté les *Outils*, les apprenants formulent les phrases avec *tous*. Vérifiez ensuite qu'ils font bien la différence entre l'adjectif *chaque* et le pronom *chacun/e* : au besoin, faites l'activité 2 p. 231.
b Les apprenants, à deux, formulent une offre promotionnelle pour chacun des produits (réduction du prix, cadeau offert, plusieurs pour le prix d'un, etc.).

5 Lisez et parlez !

Faites lire le texte *Comment faire une bonne « promo »*. Ensuite, les apprenants lisent les analyses de trois promotions n'ayant pas marché. Ils expliquent pourquoi puis proposent une meilleure stratégie. Ne faites lire qu'une promotion par apprenant si vous manquez de temps.

Cahier d'activités (page 231)

1 Connaître les formes de promotion publicitaire.
2 Utiliser *tous*, *chacun/e* ou *chaque*.

Étape 4 Assurer le service après-vente

→ Exposer un problème
→ Proposer des solutions
→ Rassurer un client

1 Parlez !

Les apprenants découvrent les numéros de téléphone français des services clientèle.

2 Écoutez !

a Les apprenants découvrent le vocabulaire spécifique et la marche à suivre au service consommateurs, à travers l'écoute d'un dialogue.
b Le service consommateurs renseigne les consommateurs en général, souvent avant la vente. Le service après-vente traite des problèmes survenant après une vente.

Mots-clés

Ils montrent comment poser des questions et y répondre, soit au service consommateurs, soit au service après-vente. À deux, les apprenants lisent une première fois puis échangent les rôles.

3 Écrivez !

Les apprenants réinvestissent les *Mots-clés* pour proposer des solutions aux problèmes soumis au service après-vente.

4 Écrivez ! + Outils

Les apprenants rassure des clients au service après-vente en utilisant *c'est facile / ce n'est pas difficile à + inf.*

5 Écoutez !

Les apprenants écoutent un dialogue au service après-vente et apprennent à renseigner les champs d'une interface informatique pendant un appel.

6 Simulation

À deux, les apprenants s'attribuent les rôles A (le client) et B (le service après-vente) puis consultent leur dossier respectif sans le montrer à l'autre. Ils vérifient à la fin qu'ils ont bien noté tous les renseignements échangés.

Cahier d'activités (page 232)

1 Comprendre une conversation au service après-vente et remplir un questionnaire de satisfaction. ◀)))
2 Utiliser *facile / difficile à*.

Tâche finale

Le but est de concevoir un visuel publicitaire pour un fabricant de sacs en matériaux recyclés. Faites lire le contexte et divisez la classe en groupes.
1 à 4 Les participants analysent les visuels p. 125 pour déterminer comment promouvoir un produit écologique ; découvrent les principes-clés de l'Autorité de Régulation Professionnelle de la Publicité, à respecter ; font une analyse de la clientèle à cibler ; enfin évaluent la pertinence de divers supports de communication.
5 + 6 Les apprenants réalisent leur visuel puis le présentent au reste de la classe.

Prononciation

Les apprenants écoutent des phrases et doivent reconnaître le sentiment exprimé à partir de l'intonation. Vous pouvez ensuite leur faire écrire de nouvelles phrases d'exemple que leur voisin/e devra prononcer selon le sentiment indiqué.

MODULE 1

	Acquis	En phase d'acquisition

Si on me parle clairement et lentement, je peux comprendre :
- les salutations et présentations ☐ ☐
- les noms et professions ☐ ☐
- les services et fonctions dans l'entreprise ☐ ☐
- la présentation simple d'un produit courant ☐ ☐

En m'aidant parfois d'un dictionnaire, je peux lire et comprendre :
- un courriel simple ☐ ☐
- l'organigramme d'une société ☐ ☐
- une carte de visite ☐ ☐
- un circuit de distribution, du fabricant au consommateur ☐ ☐
- des textes courts et simples (page d'accueil Internet, article) ☐ ☐

À l'oral, je peux :
- saluer ☐ ☐
- me présenter ☐ ☐
- présenter mes collègues et leur fonction ☐ ☐
- demander et donner des informations simples sur un produit ☐ ☐

À l'écrit, je peux :
- me présenter ou présenter quelqu'un ☐ ☐
- rédiger un texte court sur une entreprise ☐ ☐

MODULE 2

	Acquis	En phase d'acquisition

Si on me parle clairement et lentement, je peux comprendre :
- le message d'accueil d'un répondeur ☐ ☐
- la demande simple d'un interlocuteur ☐ ☐
- les instructions d'un serveur vocal ☐ ☐
- des coordonnées (nom, numéro de téléphone, adresse postale, e-mail) ☐ ☐
- un horaire de réunion ☐ ☐

En m'aidant parfois d'un dictionnaire, je peux lire et comprendre :
- un compte-rendu d'appel ☐ ☐
- une page d'agenda ☐ ☐
- un courriel d'envoi ou de demande de document, de confirmation de RDV ☐ ☐
- un prospectus publicitaire ☐ ☐
- la fiche technique d'un téléphone portable ☐ ☐

À l'oral, je peux :
- faire un appel simple (saluer, indiquer le motif, prendre congé) ☐ ☐
- laisser un message sur un répondeur ☐ ☐
- épeler et faire épeler des coordonnées ☐ ☐

À l'écrit, je peux :
- noter des coordonnées ☐ ☐
- noter puis transmettre le contenu de messages téléphoniques ☐ ☐
- écrire un courriel professionnel simple ☐ ☐
- adapter le niveau de langue au contexte ☐ ☐
- rédiger un texto en utilisant des abréviations ☐ ☐

MODULE 3

	Acquis	En phase d'acquisition

Si on me parle clairement et lentement, je peux comprendre :
- des informations sur un trajet et un retard ☐ ☐
- des informations simples sur une chaîne de production ☐ ☐
- des informations sur un planning ☐ ☐

En m'aidant parfois d'un dictionnaire, je peux lire et comprendre :
- un billet de train ☐ ☐
- un planning ☐ ☐
- un compte-rendu de réunion ☐ ☐

À l'oral, je peux :
- accueillir des visiteurs et les faire patienter ☐ ☐
- raconter une journée typique au travail ☐ ☐
- faire visiter des locaux ☐ ☐
- donner des informations simples sur la production et les ventes ☐ ☐
- présenter un programme ☐ ☐
- indiquer les changements de programme ☐ ☐
- mener une réunion ☐ ☐

À l'écrit, je peux :
- prévenir de mon retard par courriel ☐ ☐
- rédiger un planning ☐ ☐
- rédiger un compte-rendu à partir d'informations claires ☐ ☐

MODULE 4

	Acquis	En phase d'acquisition

Si on me parle clairement et lentement, je peux comprendre :
- des informations sur les prix et les remises ☐ ☐
- la commande d'un client ☐ ☐
- la réclamation d'un client sur la livraison ☐ ☐
- des informations sur les tarifs, la livraison, les stocks ☐ ☐

En m'aidant parfois d'un dictionnaire, je peux lire et comprendre :
- les informations d'un catalogue ☐ ☐
- un bon de commande ☐ ☐
- une facture ☐ ☐
- un bon de livraison ☐ ☐

À l'oral, je peux :
- exprimer des quantités et des prix ☐ ☐
- passer des commandes simples ☐ ☐
- négocier une remise ☐ ☐
- donner des informations sur les stocks ☐ ☐
- communiquer des délais de livraison ☐ ☐

À l'écrit, je peux :
- commander par courriel ☐ ☐
- confirmer une commande ☐ ☐
- remplir un bon de commande ☐ ☐
- m'enregistrer comme client sur un site marchand ☐ ☐

MODULE 5

	Acquis	En phase d'acquisition

Si on me parle clairement et lentement, je peux comprendre :
- le type d'emballage demandé par un client — ☐ ☐
- la méthode d'expédition choisie par un client — ☐ ☐
- des indications sur le chemin à prendre en voiture — ☐ ☐
- le motif de réclamation d'un client — ☐ ☐

En m'aidant parfois d'un dictionnaire, je peux lire et comprendre :
- une confirmation d'expédition — ☐ ☐
- les modalités de réception de colis — ☐ ☐
- les INCOTERMS® — ☐ ☐
- un graphique sur les transports — ☐ ☐
- un courriel au sujet d'un problème de livraison — ☐ ☐
- les conditions d'échange, de retour et de remboursement — ☐ ☐

À l'oral, je peux :
- choisir un emballage et un moyen de transport — ☐ ☐
- organiser une livraison — ☐ ☐
- commenter un graphique sur les modes de transport — ☐ ☐
- faire une réclamation suite à une livraison — ☐ ☐
- proposer une solution à un problème de livraison — ☐ ☐

À l'écrit, je peux :
- rédiger un courriel de confirmation d'envoi — ☐ ☐
- rédiger un courriel de réclamation — ☐ ☐
- rédiger un courriel pour résoudre un problème de livraison — ☐ ☐
- remplir un bon de livraison — ☐ ☐

MODULE 6

	Acquis	En phase d'acquisition

Si on me parle clairement et lentement, je peux comprendre :
- des réclamations sur une facture — ☐ ☐
- des informations sur les moyens de paiement — ☐ ☐
- un rappel d'impayé — ☐ ☐
- des données chiffrées (centaines de milliers et plus) — ☐ ☐
- la situation financière d'une entreprise — ☐ ☐

En m'aidant parfois d'un dictionnaire, je peux lire et comprendre :
- une facture — ☐ ☐
- les conditions de paiement — ☐ ☐
- un relevé d'identité bancaire — ☐ ☐
- une lettre de relance — ☐ ☐
- un bilan comptable — ☐ ☐

À l'oral, je peux :
- signaler une erreur dans une facture — ☐ ☐
- transmettre des coordonnées bancaires — ☐ ☐
- effectuer une relance par téléphone — ☐ ☐
- expliquer un impayé — ☐ ☐
- communiquer les résultats d'une entreprise — ☐ ☐

À l'écrit, je peux :
- établir une facture — ☐ ☐
- rédiger une lettre de relance — ☐ ☐
- rédiger une présentation du bilan de l'entreprise — ☐ ☐

MODULE 7

	Acquis	En phase d'acquisition
Si on me parle clairement et lentement, je peux comprendre :		
- des indications sur les horaires et les salaires	☐	☐
- des informations sur un candidat	☐	☐
- des instructions de travail	☐	☐
- des conditions de travail	☐	☐
- des propositions d'activités de loisirs	☐	☐
En m'aidant parfois d'un dictionnaire, je peux lire et comprendre :		
- une offre d'emploi	☐	☐
- des informations sur les conditions de travail	☐	☐
- un CV et une lettre de motivation	☐	☐
- des instructions simples de travail	☐	☐
À l'oral, je peux :		
- présenter ma formation, mon expérience, mes compétences	☐	☐
- parler du cadre et des conditions de travail	☐	☐
- négocier un salaire et des avantages	☐	☐
- participer à un entretien d'embauche	☐	☐
- donner des instructions simples à un nouvel employé	☐	☐
- engager la conversation avec de nouveaux collègues	☐	☐
À l'écrit, je peux :		
- rédiger un CV	☐	☐
- rédiger une lettre de motivation	☐	☐
- écrire un courriel informel à un ami ou un collègue	☐	☐
- faire une liste de tâches pour un collègue	☐	☐

MODULE 8

	Acquis	En phase d'acquisition
Si on me parle clairement et lentement, je peux comprendre :		
- les prestations d'un stand pour un salon professionnel	☐	☐
- des informations sur les outils de communication	☐	☐
- les raisons de participer à un salon	☐	☐
- les renseignements transmis lors d'une réservation ou d'un trajet	☐	☐
En m'aidant parfois d'un dictionnaire, je peux lire et comprendre :		
- des informations sur un salon	☐	☐
- des informations sur un voyage	☐	☐
- les pages de réservation des sites internet	☐	☐
- les prestations d'une chambre d'hôtel	☐	☐
À l'oral, je peux :		
- demander des renseignements sur un stand et un salon professionnel	☐	☐
- demander ou refuser des prestations supplémentaires	☐	☐
- réserver un billet de train, d'avion ou une chambre d'hôtel	☐	☐
- prendre la réservation d'un client	☐	☐
À l'écrit, je peux :		
- m'inscrire à un salon professionnel	☐	☐
- réserver un stand par courriel ou par ordre de réservation en ligne	☐	☐
- réserver un billet de train ou d'avion sur Internet	☐	☐
- rédiger une confirmation de réservation	☐	☐

MODULE 9

	Acquis	En phase d'acquisition

Si on me parle clairement et lentement, je peux comprendre :
- des informations sur le matériel et l'installation d'un stand ☐ ☐
- les demandes d'information des visiteurs ☐ ☐
- les termes et conditions d'un contrat de distribution ☐ ☐
- les sujets de conversation lors d'un repas d'affaires ☐ ☐

En m'aidant parfois d'un dictionnaire, je peux lire et comprendre :
- une liste de matériel ☐ ☐
- des consignes pour la tenue d'un stand ☐ ☐
- un contrat de distribution ☐ ☐
- un texte sur les résultats commerciaux ☐ ☐
- un graphique sur l'évolution des ventes ☐ ☐

À l'oral, je peux :
- exprimer un besoin de matériel ☐ ☐
- accueillir un visiteur en faisant bonne impression ☐ ☐
- donner et demander des informations sur un produit ☐ ☐
- négocier les clauses d'un contrat de distribution ☐ ☐
- participer à une conversation lors d'un repas d'affaires ☐ ☐

À l'écrit, je peux :
- écrire une check-list ☐ ☐
- compléter un contrat à partir d'indications fournies ☐ ☐
- décrire l'évolution des ventes et comparer ☐ ☐
  ☐

MODULE 10

	Acquis	En phase d'acquisition

Si on me parle clairement et lentement, je peux comprendre :
- les réponses d'un client à une enquête de satisfaction simple ☐ ☐
- les objections d'un client lors d'un appel de prospection ☐ ☐
- des offres promotionnelles ☐ ☐
- les problèmes adressés par les clients au service après-vente ☐ ☐

En m'aidant parfois d'un dictionnaire, je peux lire et comprendre :
- des publicités et programmes de fidélisation ☐ ☐
- un questionnaire d'enquête de satisfaction ou de démarchage ☐ ☐
- la confirmation d'inscription d'un site internet ☐ ☐
- le bilan d'une action promotionnelle ☐ ☐

À l'oral, je peux :
- prendre contact avec un prospect ☐ ☐
- traiter les objections d'un prospect ☐ ☐
- argumenter pour vendre un produit ☐ ☐
- proposer une solution à une mauvaise stratégie promotionnelle ☐ ☐
- contacter un service après-vente en cas de défaut d'un produit ☐ ☐
- proposer une solution à un client en cas de défaut d'un produit ☐ ☐

À l'écrit, je peux :
- préparer un formulaire pour une enquête de satisfaction ☐ ☐
- rédiger un prospectus pour un produit quotidien ☐ ☐
- formuler des accroches promotionnelles ☐ ☐
- noter les détails du problème d'un client ☐ ☐

 © Edition internationale Difusión, Centre de Recherche et de Publications de Langues, S.L.

Partie 1

Prenez connaissance des cinq documents ci-dessous. Il s'agit de courriels adressés à l'entreprise Rivoire.
Quelle est la personne de l'entreprise qui devra s'en occuper ? Pour chaque question 1 à 5, notez la réponse
A à H qui vous paraît exacte.

2

De : c.rivoire@rivoire.fr
Objet : Présentation

Bonjour,
Malheureusement, je ne suis pas
disponible le 14 pour faire le point sur
nos comptes. Je dois annuler car je suis
en déplacement jusqu'au 16. Je vous
contacterai à mon retour.
Cordialement,
Cécile Rivoire

1

De : s.fournier@hotmail.com
Objet : Candidature

Madame, Monsieur,
Ci-joint mon CV et ma lettre de motivation
pour le poste d'assistant administratif.
Je reste à votre disposition pour tout
renseignement complémentaire.
Salutations distinguées,
Stéphanie Fournier

3

De : production@boismob.fr
Objet : Visite du 6 mars

Madame,
Nous serons heureux d'accueillir votre
chef des achats à notre atelier le 6 mars.
Ci-joint le programme de la visite.
Je reste à votre disposition pour tout
renseignement complémentaire.
Sincères salutations,
David Moreau

4

De : bonnet@asplan.fr
Objet: Confirmation de réunion

Bonjour,
Comme convenu, je confirme notre
réunion le mercredi 12 à 11 heures dans
nos locaux. Nous présenterons nos
propositions pour votre nouvelle chaîne
de production.
Sincères salutations,
Christelle Bonnet

5

De : info@belfort.com
Objet : Envoi de documentation

Madame, Monsieur,
Pourriez-vous nous envoyer votre
nouveau catalogue ? La gamme de
meubles de bureau nous intéresse
tout particulièrement.
Sincères salutations,
Laurent Martin

a. Malika Ahmed, chef comptable
b. Amélie Roche, service des achats
c. Charlotte Guérin, service des ventes
d. Cécile Rivoire, directrice générale
e. Frédéric Gaillard, architecte
f. Maxime Robert, service de la production
g. Aurélie François, manutentionnaire
h. Léa Priot, direction des ressources humaines

Partie 2

Lisez le document suivant. Répondez aux questions en cochant la réponse qui vous paraît exacte.

INVESTIR EN RHÔNE-ALPES

*Entre le Massif central et les Alpes,
autour de la vallée du Rhône,
s'étend la région Rhône-Alpes.
À la fois deuxième région de France,
après l'Ile-de-France,
pour le nombre d'habitants et l'économie,
la région Rhône-Alpes,
particulièrement célèbre pour sa gastronomie
et ses montagnes,
est classée 6e région européenne.*

Les points forts :

- Lyon, deuxième agglomération de France.
- Grenoble, centre de recherche de pointe.
- À deux heures de TGV de Paris et Marseille.
- Bien desservie par deux grands aéroports et un vaste réseau autoroutier.
- Proche de la Suisse et du bassin industriel italien

- Forte implantation des industries de haute technologie.
- Importance de l'énergie hydraulique, non polluante.
- Deux tiers des stations de sports d'hiver en France.

6. Ce document est :
a. une publicité
b. une offre d'emploi
c. un article de presse

7. Quelle est la première région économique de France ?
a. Rhône-Alpes
b. Île-de-France
c. Massif central

8. La région Rhône-Alpes se place en France au deuxième rang pour :
a. l'économie et le nombre d'habitants
b. l'énergie hydraulique
c. les stations de sport d'hiver

9. Qu'est-ce que la région offre aux entreprises ?
a. de bonnes infrastructures
b. sa gastronomie
c. ses montagnes

10. Quel type de transport la région ne permet-elle pas directement ?
a. le transport fluvial
b. le transport maritime
c. le transport terrestre

Partie 3

Lisez les documents suivants. Indiquez si les affirmations 11 à 17 sont vraies ou fausses. Si le texte ne donne pas suffisamment d'informations, choisissez « non précisé ».

Séminaire du 6 décembre

En présence de monsieur A. Gaillard (Directeur général)
madame S. Lopez (Directrice commerciale)
monsieur P. Chevalier (Directeur technique)
madame D. Nguyen (Responsable des ventes)

10 h	Accueil Présentation du déroulement de la journée	AG
11 h	Présentation de l'entreprise	AG
12 h	Présentation de la nouvelle gamme	SL
13 h	Déjeuner	
14 h	Visite de l'atelier de production	PC
15 h	Réunion avec la responsable des ventes	DN
16 h	Bilan de la journée	

✉

À : a.gaillard ; s.lopez ; p.chevalier
Objet : Programme du 6 décembre

Bonjour,
Il y a des changements de planning pour la visite de la Société Leroy. Nous accueille-rons nos visiteurs à partir de 10 h 30. Mme Martin présentera la nouvelle gamme à la place de Madame Lopez, qui nous rejoindra à 15 heures.
Bonne journée,
I. Martin

	vrai	faux	non précisé
11. C'est le directeur général qui accueillera les visiteurs.	☐	☐	☐
12. La réunion aura lieu plus tard que prévu.	☐	☐	☐
13. Mme Martin présentera la nouvelle gamme.	☐	☐	☐
14. Mme Nguyen va présenter de nouveaux produits.	☐	☐	☐
15. On va déjeuner après la visite de l'atelier.	☐	☐	☐
16. Tout le monde participera au bilan de la journée.	☐	☐	☐
17. La réunion se termine à 16 h.	☐	☐	☐

Partie 4

Lisez le document suivant. Vous devez le compléter en choisissant le mot approprié. Cochez la réponse A, B, C ou D qui vous paraît exacte.

Compte-(18) _____ de la visite chez Giraud et Fils

Notre société recherche un (19)_____ de flacons de parfum. J'ai visité la société Giraud et Fils le 3 novembre. Ils ont leur propre (20) _____ dans la région parisienne où ils dessinent et (21) _____ des flacons pour des entreprises des (22) _____ pharmaceutiques et cosmétiques.

Au cours de la visite, j'ai rencontré le directeur technique, M. Lambert, qui m'a fait visiter leurs (23) _____ de production. C'est une grande entreprise dont le personnel semble compétent. Ils ont la (24) _____ d'assurer une production régulière et suffisante.

À mon avis, ce fournisseur est intéressant pour nous à long terme.

18.	a. tendu	b. rendu	c. attendu	d. prévu
19.	a. détaillant	b. acheteur	c. consommateur	d. fabricant
20.	a. boutique	b. usine	c. magasin	d. bureau
21.	a. exportent	b. vendent	c. fabriquent	d. stockent
22.	a. centres	b. sièges	c. usines	d. secteurs
23.	a. ateliers	b. bureaux	c. modèles	d. stocks
24.	a. chance	b. possibilité	c. capacité	d. gentillesse

Partie 5

Le texte suivant est incomplet. Vous devez le compléter en choisissant le terme approprié. Pour les questions 25 à 30, cochez la réponse A, B, C ou D qui vous paraît exacte.

Bonjour. Je m'appelle Pierre Adam. Je suis (25) _____ de vous accueillir dans notre entreprise. Je suis (26) _____ et je m'occupe de l'exportation. L'entreprise réalise 55 % de son chiffre d'affaires à l'étranger. Nous exportons nos produits dans plusieurs pays du monde, surtout (27) _____ Europe et (28) _____ États-Unis. Nous fabriquons la plupart de nos produits en France. (29) _____ sont fabriqués au Japon. (30) _____ sont fabriqués au Maroc.

25.	a. enchanté	b. enchantée	c. heureux	d. heureuse
26.	a. commercial	b. un commercial	c. une commerciale	d. commerçant
27.	a. en	b. au	c. aux	d. à la
28.	a. en	b. au	c. aux	d. à la
29.	a. Certain	b. Certainement	c. Certains	d. Certaines
30.	a. Quelques	b. Quelques-uns	c. Quelques-unes	d. Quelqu'un

Partie 1

Pour chaque question, cochez la réponse A, B, C ou D qui vous paraît exacte.

1. **Vous avez 10 articles en stock. Votre client en commande 20. Que lui dites-vous ?**
   a. Nous sommes en rupture de stock.
   b. Nos stocks sont épuisés.
   c. Nous n'en avons que 20.
   d. Nous n'en avons que 10.

2. **C'est lundi. Votre client aura son colis lundi prochain. Que lui dites-vous ?**
   a. Vous aurez votre colis 24 heures sur 24.
   b. Vous aurez votre colis demain.
   c. Vous aurez votre colis dans huit jours.
   d. Vous aurez votre colis dans quinze jours.

3. **Vous demandez à votre fournisseur de vous expédier un colis en express. Que dites-vous ?**
   a. Envoyez-le-lui en express.
   b. Envoyez-la-lui en express.
   c. Envoyez-la-moi en express.
   d. Envoyez-le-moi en express.

4. **Vous passez une commande de 20 sacs en cuir. Que dites-vous ?**
   a. Il lui faut 20 sacs en cuir.
   b. Il leur faut 20 sacs en cuir.
   c. Il nous faut 20 sacs en cuir.
   d. Il vous faut 20 sacs en cuir.

5. **Un client veut négocier un nouveau délai de paiement. Que lui dites-vous ?**
   a. On pourrait vous accorder une semaine de plus.
   b. Accordez-nous une semaine de plus.
   c. Pourriez-vous accorder une semaine de plus ?
   d. Serait-il possible de nous accorder une semaine de plus ?

Partie 2

Lisez la lettre suivante. Vous devez la compléter en choisissant le terme approprié. Cochez la réponse A, B, C ou D qui vous paraît exacte.

Madame, Monsieur,

Sauf erreur ou omission de notre part, nous (6) _____ que malgré notre (7) _____ du 14/02, il vous reste à nous devoir la somme détaillée ci-dessous.

Compte tenu de l'ancienneté de cette (8) _____, nous vous demandons de bien vouloir nous (9) _____ par retour de courrier. Sans règlement de votre part, nous transmettrons votre dossier à notre service (10) _____.

Nous vous prions de croire, Madame, Monsieur, à l'expression de nos salutations distinguées.
Le service (11) _____.

Date	Référence	(12) _____	Montant
10/10	00120532910	9/11	4 400 EUR
		Solde total dû	4 400 EUR

6. a. décidons   b. constatons   c. voulons   d. annonçons
7. a. courrier   b. courriel   c. facture   d. relance
8. a. créance   b. paiement   c. compte   d. commande
9. a. payer   b. rembourser   c. régler   d. confirmer
10. a. administratif b. contentieux   c. comptabilité   d. technique
11. a. comptabilité b. commercialisation c. des ventes   d. de la production
12. a. Date   b. Échéance   c. Créance   d. Compte

Partie 3

Lisez le texte suivant. Répondez aux questions en cochant la réponse qui vous paraît exacte.

Routiers : Alerte à la grève dès dimanche soir

Un demi-million de salariés des transports routiers sont appelés à des arrêts de travail à partir de dimanche soir.

Professionnels exerçant un métier difficile, les routiers bénéficient en fin de carrière de la possibilité de prendre un congé de fin d'activité (CFA). Compte tenu de la pénibilité de leur travail, ils pouvaient jusqu'à présent prendre le CFA à l'âge de 55 ans, à condition de justifier de 25 ans de conduite. Ils étaient alors pris en charge jusqu'à leur retraite à taux plein, à 60 ans.

Le passage de l'âge légal de la retraite de 60 à 62 ans a bouleversé la donne.

Qui est appelé à faire grève ?
Il s'agit de l'ensemble du secteur : transport de marchandises ou de voyageurs, transport de fonds, déménagement, transport de déchets… Soit 630.000 salariés au total en France.

Quels seront les effets du mouvement ?
Particulièrement préoccupant, si le mouvement perdure : les blocages de dépôts d'hydrocarbures. Lundi, les distributeurs de billets pourraient ne pas être approvisionnés et les plates-formes logistiques des enseignes de la grande distribution risquent de subir des perturbations. En revanche, les arrêts de travail ne devraient pas affecter le transport passagers.

D'après un article de Charles Desjardins, France-Soir 6/7/11

---

13. Ce document est :
a. une confirmation d'envoi
b. un bon de livraison
c. un article de presse

14. Les routiers :
a. vont faire la grève
b. sont en congé
c. font des appels

15. Un routier prend un « congé de fin d'activité » :
a. parce qu'il a 25 ans
b. parce que son travail est pénible après un certain âge
c. parce que l'âge de la retraite est passé de 60 à 62 ans

16. Font partie du secteur des transports :
a. marchandises, voyageurs, déménagements
b. marchandises, déchets, salariés
c. distributeurs de billets

17. Quelle branche ne sera pas affectée ?
a. les déménagements
b. le transport de marchandises
c. le transport de passagers

Partie 4

Complétez ce document en choisissant le terme approprié. Pour chaque question, cochez la réponse A, B, C ou D qui vous paraît exacte.

> Quelle réussite ! Nos ventes (18) _____ augmenter. Le chiffre d'affaires de la société a atteint (19) _____ 2 millions d'euros. L'an dernier, nous avions (20) _____ deux magasins. Cette année, nous (21) _____. Un quart de nos ventes (22) _____ sur Internet, où nous garantissons désormais de livrer (23) _____ 24 heures.

18. a. n'ont fait qu'	b. n'ont fait d'	c. n'ont pas	d. n'ont plus
19. a. moins de	b. plus de	c. assez de	d. autant de
20. a. seulement	b. quasiment	c. difficilement	d. notamment
21. a. en sommes quatre	b. les avons quatre	c. avons quatre	d. en avons quatre
22. a. se fait	b. avait fait	c. était fait	d. a fait
23. a. dans	b. entre	c. sous	d. sur

Partie 5

Lisez le document suivant. Indiquez si les affirmations suivantes sont vraies ou fausses. Si le texte ne donne pas suffisamment d'informations pour répondre « vrai » ou « faux », choisissez « non précisé ».

Quels sont les modes de paiement acceptés ?

ModeMax accepte toutes les principales cartes de crédit pour les règlements sur notre site Internet et par téléphone. Nous offrons aussi la possibilité d'effectuer un virement bancaire ou de régler par chèque. Les clients professionnels ont la possibilité de payer par compte.

▶ *Par carte bancaire*

Pour une sécurité optimale, ModeMax utilise un mode de cryptage de vos données personnelles (nom, adresse, coordonnées bancaires).

▶ *Par virement bancaire*

Veuillez régler la somme totale à :

MODEMAX

Code banque : 000001 ; Code guichet : 00000 ; No de compte : 10010010010 ; Clé RIB : 55

▶ *Par chèque*

Veuillez préciser votre adresse e-mail au dos du chèque ainsi que vos nom, prénom et adresse.

	vrai	faux	non précisé
24. Cette société accepte le paiement en espèces.	☐	☐	☐
25. Une entreprise peut ouvrir un compte pour effectuer ses paiements.	☐	☐	☐
26. Une entreprise aura des conditions plus favorables.	☐	☐	☐
27. On peut payer par prélèvement automatique mensuel.	☐	☐	☐
28. Les données personnelles sont sécurisées sur les pages de paiement.	☐	☐	☐
29. On peut régler par virement bancaire en plusieurs fois.	☐	☐	☐
30. Un particulier ne peut payer que par chèque, carte bancaire ou virement.	☐	☐	☐

Partie 1

Lisez les extraits de documents. Pour chaque question, cochez la réponse qui vous paraît exacte.

SALON DES LOISIRS

Stands disponibles de 15 à 60 m².
Réservez votre stand sur notre site :
www.salondesloisirs.fr, ou appelez le 01 23 85 20 00.
Du 4 au 11 mai, vous bénéficiez d'une réduction de 5 %
sur la location du stand.
Les participants au salon peuvent obtenir des
réductions sur les voyages SNCF.

1. Pour une réduction sur le stand, il faut :
   a. réserver avant le 4 mai
   b. réserver entre le 4 et le 11 mai
   c. réserver un voyage SNCF

2. Pour une réduction sur le train, il faut :
   a. s'inscrire sur le site
   b. se renseigner sur le salon
   c. participer au salon

OFFRE SPÉCIALE FIN DE SAISON

Durant tout le mois de janvier.

Photocopieuse modèle X 1040

à moitié prix : ~~1 200€~~ **600 €**
+ 10 ramettes de papier offertes !
(Valeur : 7 € pièce)
Soit **670 €** d'économie !

3. Si vous acceptez cette offre, vous paierez :
   a. 670 €
   b. 1270 €
   c. 600 €

4. Cette offre est valable :
   a. entre le 1er et 31 janvier
   b. pendant toute l'année
   c. jusqu'en janvier

Madame,
Vous avez demandé notre carte de fidélité et nous
vous remercions de votre confiance.
Vous trouverez ci-joint votre carte nominative.
N'oubliez pas de la présenter à chacun de vos achats
dans nos magasins. Vous pourrez ainsi cumuler des
points qui vous permettront de recevoir nos chèques
cadeaux.

5. La méthode de fidélisation utilisée est :
   a. une offre spéciale
   b. une carte de fidélité
   c. une invitation

6. Pour cumuler des points, il faut :
   a. demander une carte de fidélité
   b. présenter sa carte lors d'un achat
   c. passer dans les magasins

Votre appel au service après-vente :

Avez-vous obtenu facilement l'hôtesse ?	OUI / ~~NON~~
Avez-vous été bien accueilli ?	OUI / ~~NON~~
Le rendez-vous fixé vous a-t-il convenu ?	OUI / ~~NON~~

L'intervention à domicile :

Le technicien a-t-il été aimable ?	OUI / ~~NON~~
Le technicien a-t-il été efficace ?	OUI / ~~NON~~
A-t-il laissé l'appareil et l'environnement propres ?	~~OUI~~ / NON

7. Ce document est :
   a. un mailing
   b. une enquête de satisfaction
   c. un prospectus publicitaire

8. Le technicien a été :
   a. aussi efficace que l'hôtesse
   b. moins efficace que l'hôtesse
   c. plus efficace que l'hôtesse

Partie 2

Lisez ce texte, puis indiquez si les affirmations sont vraies ou fausses. Si le texte ne donne pas suffisamment d'informations pour répondre « vrai » ou « faux », choisissez « non précisé ».

Le séminaire de motivation

Ce sont les équipes qui font la force d'une entreprise ! C'est pourquoi les grands groupes envoient leurs salariés, tout particulièrement leurs équipes commerciales, en séminaires de motivation. Ils permettent de stimuler l'esprit d'équipe et de renforcer la combativité. Il s'agit toujours de relever un défi, le plus souvent sportif, dans la joie et la bonne humeur : saut en parapente, saut à l'élastique, raid en 4 x 4, rallye, moto, etc.

À la suite d'une campagne de stimulation, un concours peut être organisé et l'une des récompenses les plus appréciées est… un voyage d'agrément, cette fois.

---

	vrai	faux	non précisé
9. Un séminaire de motivation favorise l'esprit d'équipe.	☐	☐	☐
10. On envoie surtout les commerciaux en séminaire de motivation.	☐	☐	☐
11. Les chefs de service participent avec leurs équipes.	☐	☐	☐
12. Le séminaire de motivation sert à conquérir de nouveaux marchés.	☐	☐	☐
13. Un « voyage d'agrément » est un voyage d'affaires.	☐	☐	☐

Partie 3

Dans chacune des phrases suivantes, une des parties A, B ou C est grammaticalement incorrecte.
Pour chaque question, cochez la case A, B ou C correspondant à la partie incorrecte.

14. (a) La chaîne Splendide vous souhaite la bienvenue dans (b) plus que 150 hôtels (c) en France et dans le monde.　　a. ☐　　b. ☐　　c. ☐

15. (a) Tous les hôtels de la chaîne (b) offre un (c) grand niveau de confort.　　a. ☐　　b. ☐　　c. ☐

16. (a) Vous aurez un grand choix de (b) spécialités régionales dans (c) certaines hôtels.　　a. ☐　　b. ☐　　c. ☐

17. Pour (a) l'organisation de séminaires ou (b) de réunions de travail, les hôtels disposent de plusieurs (c) salles des conférences.　　a. ☐　　b. ☐　　c. ☐

18. Profitez, dans (a) chacune de nos hôtels, de (b) salles équipées avec (c) tout le matériel audiovisuel.　　a. ☐　　b. ☐　　c. ☐

19. Si vous (a) voulez réserver une chambre, (b) c'est facile de faire ! (c) Téléphonez-nous ou réservez par Internet.　　a. ☐　　b. ☐　　c. ☐

Partie 4

Ce document est incomplet. Vous devez le compléter en choisissant les mots qui manquent.
Pour chaque question, cochez la réponse A, B, C ou D qui vous paraît exacte.

> L'année dernière, nous avons recruté un comptable, deux assistants techniques et cinq ouvriers.
> Le personnel de notre entreprise (20) _____ de 15 %. Chaque employé a une (21) _____ de
> trois mois pour voir s'il convient au poste. La plus grande partie de nos employés travaillent
> (22) _____ , c'est-à-dire 35 heures par semaine. Quand il y a beaucoup de travail nous
> demandons à nos employés de faire (23) _____. Le comité d'entreprise organise des activités
> diverses. Nous (24) _____ négocier un tarif réduit dans un club de gym.

20. a. a diminué   b. a baissé   c. est inferieur   d. a augmenté
21. a. congé payé   b. période d'essai   c. contrat de durée déterminée   d. contrat de durée indéterminée
22. a. à mi-temps   b. a temps partiel   c. à temps plein   d. par semaine
23. a. la grève   b. des cours du soir   c. des heures supplémentaires   d. des pauses
24. a. venons de   b. avons   c. venons   d. décidons

Partie 5

Cette lettre de motivation est incomplète. Vous devez la compléter en choisissant les mots qui manquent.
Pour chaque question, cochez la réponse A, B, C ou D qui vous paraît exacte.

> Madame,
>
> Dans votre (25) _____ du 3 mars, vous recherchez un responsable des achats en Asie.
>
> Je travaille actuellement chez Giraud où j'(26) _____ le poste d'assistant au responsable des achats.
> J'ai eu l'opportunité de participer à la négociation des contrats et de travailler avec les
> (27) _____ de la société basées à l'étranger, ce qui m'a permis de mettre en valeur mes connaissances
> de l'anglais et du japonais.
>
> Géographiquement mobile, je suis (28) _____ à partir du 1er avril. Je reste à votre disposition pour de
> plus amples renseignements.
>
> Dans l'espoir d'une réponse favorable de votre part, je vous prie d'(29) _____, Madame, l'expression
> de mes salutations (30) _____.
>
> Paul Bernard

25. a. lettre   b. publicité   c. annonce   d. réponse
26. a. occupe   b. demande   c. quitte   d. cherche
27. a. entreprises   b. filiales   c. territoires   d. entrepôts
28. a. susceptible   b. occupé   c. motivé   d. disponible
29. a. accepter   b. avouer   c. accorder   d. agréer
30. a. distinguées   b. disponibles   c. meilleurs   d. cordiales

SOLUTIONS DES ÉVALUATIONS

Évaluation 1

1. H
2. A
3. B
4. F
5. C
6. A
7. B
8. A
9. A
10. B
11. vrai
12. vrai
13. vrai
14. non précisé
15. faux
16. vrai
17. faux
18. B
19. D
20. B
21. C
22. D
23. A
24. C
25. C
26. A
27. A
28. C
29. C
30. B

Évaluation 2

1. D
2. C
3. D
4. C
5. A
6. B
7. D
8. A
9. C
10. B
11. A
12. B
13. C
14. A
15. B
16. A
17. C
18. A
19. B
20. A
21. D
22. A
23. C
24. faux
25. vrai
26. non précisé
27. faux
28. vrai
29. faux
30. vrai

Évaluation 3

1. B
2. C
3. C
4. A
5. B
6. B
7. B
8. B
9. vrai
10. vrai
11. non précisé
12. faux
13. faux
14. B
15. B
16. C
17. C
18. A
19. B
20. D
21. B
22. C
23. C
24. A
25. C
26. A
27. B
28. D
29. D
30. A

Cet index thématique vous permettra de répondre de façon ciblée aux attentes de vos apprenants. Les notions suivantes sont traitées dans le livre de l'élève aux pages indiquées.